Minería de Datos e IA

Conceptos, Fundamentos y Aplicaciones

Enrico Guardelli

Guardelli, Enrico.

Minería de Datos: Conceptos, Fundamentos y Aplicaciones / Enrico Guardelli.

Editorial MedtechBiz, 2024.

219p. : 23cm.

Incluye bibliografías e índices.

ISBN 9798327763029

Copyright © 2024 Enrico Guardelli

Todos los derechos reservados

Ciertas partes del libro no pueden reproducirse, almacenarse en un sistema de recuperación ni transmitirse de ninguna forma ni por ningún medio, ya sea electrónica, mecánica, fotocopiada, grabada o de otro modo, sin el permiso expreso por escrito del editor.

Concepto de portada por: MedTechBiz

RESUMEN

La minería de datos y la inteligencia artificial (IA) emergen como disciplinas centrales para transformar los datos en conocimientos valiosos.

La integración de la minería de datos y la IA permite la automatización de procesos complejos, la previsión de tendencias y la toma de decisiones autónoma.

Este libro ofrece una introducción completa y accesible a estos campos, desde conceptos básicos hasta estudios de casos avanzados, con énfasis en la aplicación práctica utilizando herramientas como Python y R.

El objetivo es permitir al lector aplicar técnicas de minería de datos e inteligencia artificial a problemas reales, contribuyendo a la innovación y el progreso en su campo.

RESUMEN

INTRODUCCIÓN	8
I. FUNDAMENTOS DE LA MINERÍA DE DATOS	**13**
Introducción a la Minería de Datos	14
¿Qué es la Minería de Datos?	16
Historia y Evolución	19
Importancia y Aplicaciones	23
Desafíos y Consideraciones Éticas	26
Conceptos Básicos y Terminología	29
Datos e Información	33
Métodos de Recopilación y Preprocesamiento de Datos	34
Bases y Almacenamiento de datos	39
Base de Datos	40
Modelos de Datos	41
Almacenamiento de Datos	42
Arquitectura de Almacenamiento de Datos	44
Métodos de Recopilación y Preprocesamiento de Datos	46
Fuentes de Datos	47
Preprocesamiento de Datos	48
Proceso de Minería de Datos	51
Pasos del Proceso KDD (Descubrimiento de conocimientos en bases de datos)	53
Técnicas de Minería de Datos	56
Reglas de Asociación	56
Clasificación	60

Regresión.. 66
Agrupación..71
Detección de Anomalías... 76
Herramientas y Tecnologías..81
Herramientas de Código Abierto (Weka, RapidMiner, etc.).... 81
Otras Herramientas..84
Herramientas Comerciales...86
Lenguajes de Programación para Minería de Datos (Python, R) 91

II. FUNDAMENTOS DE LA INTELIGENCIA ARTIFICIAL.................... 96
Introducción a la Inteligencia Artificial.. 97
Historia de la Inteligencia Artificial... 101
Áreas y Aplicaciones de la IA..106
Aprendizaje Automático.. 112
Conceptos Básicos..113
Tipos de Aprendizaje...114
Algoritmos Comunes... 117
Redes Neuronales y Aprendizaje Profundo...120
Estructura de las Redes Neuronales..120
Algoritmo de Retropropagación... 122
Concepto de Aprendizaje Profundo... 124
Arquitecturas de Aprendizaje Profundo (CNN, RNN, GAN).. 126
Procesamiento del Lenguaje Natural (PNL).. 129
Técnicas de PNL (Tokenización, Stemming, Lematización). 131
Modelado de Lenguaje (Bag of Words, TF-IDF, incrustaciones de palabras).. 134

Aplicaciones de PNL (análisis de sentimientos, traducción automática, chatbots)..................138
Visión por Computador..................141
Procesamiento de Imágenes..................141
Detección y Reconocimiento de Objetos..................145
Aplicaciones de Visión por Computadora..................149
III. INTEGRACIÓN DE MINERÍA DE DATOS E IA..................151
Minería de datos + IA..................152
Complementariedad de Técnicas..................154
Ejemplos de Integración y Casos de Uso Reales..................156
Big Data e IA..................159
Concepto..................159
Tecnologías de Grandes Datos..................161
Desafíos y Soluciones para Big Data en IA..................164
Aplicaciones Avanzadas..................166
Minería de Datos en Redes Sociales..................166
Sistemas de Recomendación..................168
Análisis predictivo..................170
Automatización y Robótica..................172
IV: ESTUDIOS DE CASOS Y PROYECTOS PRÁCTICOS..................174
Estudio de caso 1: Minería de Datos Sanitarios..................175
Estudio de caso 2: Aplicación de la IA en las Finanzas..................183
Estudio de caso 3: Análisis de Sentimiento en las Redes Sociales.....191
CONSIDERACIONES FINALES..................197
Tendencias Futuras en Minería de Datos e IA..................198

Reflexiones... 203
Apéndices..208
    Glosario de Términos.. 208
    Referencias Bibliográficas... 214

INTRODUCCIÓN

La revolución digital del siglo XXI se ha caracterizado por el crecimiento exponencial de los datos generados y recopilados diariamente. Este fenómeno, impulsado por Internet, los dispositivos móviles y la proliferación de sensores, ha creado un entorno donde la información abunda, pero el conocimiento útil es escaso.

La minería de datos y la inteligencia artificial (IA) emergen como disciplinas centrales para transformar estos vastos conjuntos de datos en conocimientos valiosos, capaces de guiar decisiones estratégicas, optimizar procesos y crear nuevas oportunidades.

La minería de datos, también conocida como descubrimiento de conocimiento en bases de datos (KDD), implica extraer patrones ocultos, desconocidos y potencialmente útiles de grandes volúmenes de datos.

Este proceso abarca varios pasos, desde la selección y preparación de datos hasta la aplicación de técnicas sofisticadas para identificar patrones y tendencias.

Se utiliza ampliamente en diversas áreas, como marketing, finanzas, atención médica, comercio electrónico y mucho más, lo que demuestra su impacto y relevancia.

La inteligencia artificial, por otro lado, es el campo de la informática dedicado a desarrollar sistemas que puedan realizar tareas que normalmente requieren inteligencia humana. Esto incluye habilidades como el aprendizaje, el razonamiento, la percepción y la toma de decisiones.

Dentro de la IA, el aprendizaje automático se destaca como un subcampo crucial donde se entrenan algoritmos para reconocer patrones y hacer predicciones basadas en datos históricos. Recientemente, el aprendizaje profundo ha revolucionado la IA, permitiendo avances significativos en áreas como la visión por computadora y el procesamiento del lenguaje natural.

La integración de la minería de datos y la IA ofrece un enorme potencial para la innovación y el avance tecnológico. Mientras que la minería de datos se centra en extraer información valiosa de los datos, la IA utiliza esta información para construir sistemas inteligentes capaces de mejorar continuamente.

Juntas, estas disciplinas pueden automatizar procesos complejos, predecir tendencias futuras y tomar decisiones autónomas, aumentando la eficiencia y eficacia en múltiples dominios.

Este libro tiene como objetivo proporcionar una introducción completa y accesible a estos campos interrelacionados.

A lo largo de los capítulos cubriremos desde conceptos básicos hasta casos de estudio avanzados, brindando un viaje completo por el universo de estas tecnologías.

Además de cubrir las bases teóricas, destacamos la importancia de la aplicación práctica. Por ello, hemos incluido varios ejemplos y proyectos prácticos que permiten al lector experimentar y aplicar los conceptos aprendidos.

Se utilizarán herramientas y lenguajes de programación populares como Python y R para ilustrar los procesos de minería de datos y desarrollo de modelos de IA, facilitando la transición del conocimiento teórico a la práctica.

La ética y la responsabilidad en el uso de la minería de datos y la IA también son temas críticos que se analizan en este libro. Un gran poder conlleva una gran responsabilidad, y es esencial que los profesionales de estas áreas comprendan los impactos sociales y éticos de sus prácticas.

Abordaremos cuestiones como la privacidad, el sesgo algorítmico y la transparencia, destacando la necesidad de un uso consciente y ético de estas tecnologías.

Te invitamos a embarcarte en este viaje de descubrimiento y aprendizaje.

Ya sea usted un principiante curioso o un profesional que busca profundizar sus conocimientos, este libro está diseñado para ser una herramienta valiosa en su desarrollo.

Esperamos que al final de la lectura puedas aplicar técnicas de minería de datos e inteligencia artificial a problemas reales, contribuyendo a la innovación y el progreso en tu área de especialización.

¡Comencemos este viaje por el fascinante mundo de la minería de datos y la inteligencia artificial!

I. FUNDAMENTOS DE LA MINERÍA DE DATOS

Introducción a la Minería de Datos

La minería de datos es una tecnología esencial en la era de la información, que permite la extracción de patrones e información valiosa a partir de grandes volúmenes de datos.

Con el crecimiento exponencial de la generación de datos, la capacidad de transformar estos datos en conocimiento utilizable se ha vuelto crucial para las organizaciones de todos los sectores.

En esta primera parte del libro, explicaremos los fundamentos de la minería de datos, comenzando por su definición, evolución histórica e importancia en el contexto moderno.

Cubriremos conceptos y terminología básicos, como los diferentes tipos de datos y formas de almacenamiento, esenciales para los profesionales en la materia.

Detallaremos el proceso de minería de datos, desde la selección y preparación de datos hasta la aplicación de técnicas analíticas, destacando la importancia de cada paso para el descubrimiento exitoso del conocimiento.

Además, examinaremos técnicas comunes de minería de datos, como reglas de asociación, clasificación, regresión, agrupamiento y detección de anomalías, con explicaciones teóricas y ejemplos prácticos.

Finalmente, discutiremos las herramientas y tecnologías más utilizadas en la minería de datos, brindando una base sólida para aplicar este conocimiento en la práctica.

¿Qué es la Minería de Datos?

La minería de datos, o minería de datos, es el proceso de explorar grandes conjuntos de datos para descubrir patrones, tendencias y relaciones ocultos que pueden transformarse en conocimiento útil.

Este campo interdisciplinario combina técnicas de estadística, aprendizaje automático, inteligencia artificial y gestión de bases de datos para extraer información valiosa de grandes volúmenes de datos.

Según Fayyad, Piatetsky-Shapiro y Smyth (1996), la minería de datos es un paso central en el proceso de descubrimiento de conocimiento en bases de datos (KDD - Knowledge Discovery in Databases).

Definen KDD como un proceso iterativo que incluye selección de datos, preprocesamiento, transformación, extracción e interpretación/evaluación. La minería de datos, específicamente, es el paso que aplica métodos computacionales para identificar patrones significativos.

Han, Kamber y Pei (2011) describen la minería de datos como la "extracción de conocimientos interesantes, no triviales, implícitos, previamente desconocidos y potencialmente útiles a partir de los datos".

No se trata sólo de análisis de datos, la minería también consiste en generar modelos que puedan predecir comportamientos futuros o comprender patrones históricos.

Turbante y col. (2011) enfatizan que la minería de datos se ha aplicado en varias áreas, como marketing, finanzas, salud, comercio electrónico y seguridad, para resolver problemas complejos y tomar decisiones informadas.

Los autores señalan que las técnicas de minería de datos ayudan a identificar segmentos de mercado, predecir fallos de las máquinas, detectar fraudes y optimizar las operaciones logísticas.

Para Larose (2015), la minería de datos implica varias tareas, como clasificación, regresión, agrupamiento, detección de anomalías, reglas de asociación y resumen. Cada una de estas tareas utiliza algoritmos específicos para descubrir patrones en los datos.

Por ejemplo, la clasificación organiza los datos en categorías predefinidas, mientras que la agrupación divide los datos en grupos con características similares.

Witten, Frank y Hall (2011) explican que la minería de datos a menudo se confunde con el análisis de datos, pero existe una distinción crucial.

Si bien el análisis de datos puede ser más exploratorio y descriptivo, la minería de datos es predictiva y está orientada a descubrir patrones mediante algoritmos sofisticados.

La minería de datos también enfrenta desafíos importantes. Según Hand, Mannila y Smyth (2001), algunos de los principales desafíos incluyen la calidad de los datos (datos incompletos, ruidosos o inconsistentes), la escalabilidad (manejar grandes volúmenes de datos) y la privacidad (garantizar que el análisis de los datos no comprometa la privacidad de las personas).

Historia y Evolución

La historia de la minería de datos está marcada por avances tecnológicos y metodológicos que transformaron la forma en que se analizan e interpretan los datos.

La evolución de la minería de datos se puede dividir en varias fases, cada una impulsada por avances en informática, estadísticas y tecnologías de almacenamiento de datos.

Antes de la década de 1960, el análisis de datos se realizaba manualmente, utilizando técnicas estadísticas desarrolladas a lo largo de siglos.

Estadísticos como Ronald Fisher y Karl Pearson introdujeron métodos para describir e inferir propiedades de conjuntos de datos, sentando las bases para el análisis de datos.

Con el surgimiento de la informática (décadas de 1960 y 1970) se inició el uso de la informatización para el análisis de datos.

El desarrollo de bases de datos relacionales por Edgar F. Codd en 1970 revolucionó la forma en que se almacenaban y recuperaban los datos. Las bases de datos relacionales permitieron la gestión eficiente de grandes volúmenes de datos y sentaron las bases para la minería de datos moderna.

En la década de 1980, el campo de la inteligencia artificial (IA) comenzó a ganar prominencia, y los investigadores desarrollaron algoritmos capaces de aprender a partir de datos.

El aprendizaje automático, un subcampo de la IA, se ha convertido en una disciplina importante, con la introducción de algoritmos como árboles de decisión, redes neuronales y métodos de agrupación.

A mediados de la década de 2000 fuimos testigos de una explosión en la cantidad de datos generados, en parte debido al crecimiento de Internet y el comercio electrónico. Esto ha llevado al desarrollo de técnicas de minería de datos más avanzadas para manejar grandes volúmenes de datos.

La publicación de "From Data Mining to Knowledge Discovery in Databases" de Fayyad, Piatetsky-Shapiro y Smyth (1996) formalizó el proceso KDD y destacó la importancia de la minería de datos.

Con el aumento de la potencia informática y la disponibilidad de herramientas comerciales como SAS, SPSS e IBM Cognos, la minería de datos se ha vuelto accesible para empresas y organizaciones.

La integración de la minería de datos con los sistemas de inteligencia empresarial (BI) ha permitido extraer información valiosa de los datos empresariales para mejorar la toma de decisiones.

La última década estuvo marcada por la llegada del Big Data, caracterizado por las tres V: volumen, velocidad y variedad. Tecnologías como Hadoop y Spark han permitido el procesamiento distribuido de grandes conjuntos de datos.

Al mismo tiempo, el aprendizaje profundo ha revolucionado el campo de la minería de datos, especialmente en áreas como la visión por computadora y el procesamiento del lenguaje natural.

Las redes neuronales profundas, impulsadas por unidades de procesamiento de gráficos (GPU), han mostrado resultados impresionantes en tareas complejas de reconocimiento de patrones.

El futuro de la minería de datos está intrínsecamente ligado a los avances continuos en inteligencia artificial, computación cuántica e Internet de las cosas (IoT).

La capacidad de procesar y analizar datos en tiempo real, junto con técnicas avanzadas de inteligencia artificial, como las redes generativas adversarias (GAN) y el aprendizaje por refuerzo, promete transformar aún más la minería de datos y sus aplicaciones.

Importancia y Aplicaciones

La minería de datos en la era de la información ofrece numerosas ventajas y aplicaciones en diversos sectores debido a su capacidad para transformar grandes volúmenes de datos sin procesar en información valiosa.

Ayuda a las organizaciones a tomar decisiones estratégicas y operativas basadas en datos, reduciendo la dependencia de la intuición y las suposiciones. Los análisis predictivos y descriptivos brindan información sobre tendencias futuras y comportamientos pasados.

Las empresas que utilizan la minería de datos para analizar el comportamiento de los clientes, optimizar las operaciones y predecir las tendencias del mercado obtienen una ventaja competitiva significativa. Pueden personalizar ofertas, mejorar la satisfacción del cliente y aumentar la eficiencia operativa.

La minería de datos facilita el descubrimiento de patrones y relaciones ocultos en grandes conjuntos de datos, que no serían detectables mediante métodos de análisis tradicionales, siendo aplicable en la innovación y desarrollo de nuevos productos y servicios.

Los algoritmos pueden automatizar tareas repetitivas y complejas, como la detección de fraude o el seguimiento de la calidad, lo que permite a las organizaciones centrar sus recursos en actividades estratégicas.

En Marketing y Ventas, la técnica se utiliza para segmentar clientes, personalizar campañas de marketing, pronosticar ventas y analizar la efectividad de las estrategias de marketing.

En el sector sanitario, la minería de datos puede predecir brotes de enfermedades, personalizar tratamientos médicos, identificar patrones de enfermedades y mejorar la gestión hospitalaria.

Los bancos y las instituciones financieras aplican la minería de datos para detectar fraudes, evaluar riesgos crediticios, predecir fluctuaciones del mercado y optimizar carteras de inversión.

El análisis de datos en la fabricación ayuda a predecir fallas de las máquinas, optimizar las cadenas de suministro, mejorar la calidad del producto y reducir los costos operativos.

Las instituciones educativas aceleran el análisis del desempeño de los estudiantes, identifican necesidades de aprendizaje y mejoran la retención de los estudiantes.

Además, la minería de datos ayuda a detectar actividades delictivas, analizar patrones delictivos, predecir incidentes y asignar recursos de seguridad de manera más eficiente.

Desafíos y Consideraciones Éticas

Si bien la minería de datos ofrece numerosos beneficios, también presenta desafíos importantes y plantea importantes cuestiones éticas que deben abordarse con cuidado.

Los datos incompletos, ruidosos o inconsistentes pueden comprometer la precisión de los análisis. La limpieza y preparación de datos son pasos críticos pero a menudo desafiantes.

Con el crecimiento exponencial de los datos, la escalabilidad de las soluciones de minería de datos se convierte en un problema. Los algoritmos y sistemas deben poder manejar grandes volúmenes de datos de manera eficiente.

Otro punto es que traducir los resultados de la minería de datos en conocimientos prácticos puede resultar complejo. Requiere habilidades para interpretar correctamente los patrones y tendencias descubiertos.

Garantizar la privacidad de los datos personales y la seguridad contra el acceso no autorizado es un desafío constante, especialmente con las crecientes regulaciones de protección de datos.

La recopilación y el análisis de grandes cantidades de datos personales pueden infringir la privacidad de las personas. Es fundamental garantizar que los datos sean anónimos y se utilicen de forma ética y legal.

Surge la pregunta de si los algoritmos de minería de datos pueden perpetuar o amplificar los sesgos existentes si los datos de entrenamiento están sesgados y al mismo tiempo son justos e imparciales.

La opacidad, especialmente en el aprendizaje profundo, plantea dudas sobre la capacidad de explicar y justificar decisiones automatizadas.

Las personas deben ser informadas sobre cómo se utilizarán sus datos y dar su consentimiento explícito, garantizando la transparencia y el seguimiento del consentimiento, pilares éticos en la ineración de datos.

Es responsabilidad de las organizaciones gestionar éticamente los datos y las consecuencias de las decisiones tomadas con base en el análisis de datos, y deben implementar políticas y prácticas sólidas de gobernanza de datos.

Conceptos Básicos y Terminología

La minería de datos es un campo interdisciplinario que combina estadística, aprendizaje automático, inteligencia artificial y gestión de bases de datos. Para comprender esta área, es fundamental familiarizarse con algunos conceptos y terminologías fundamentales.

También conocida como "Minería de datos", la minería de datos es el proceso de descubrir patrones, asociaciones, cambios, anomalías y estructuras estadísticas en grandes conjuntos de datos.

Según Han, Kamber y Pei (2011), la minería de datos es la "extracción de conocimientos interesantes, no triviales, implícitos, previamente desconocidos y potencialmente útiles a partir de los datos".

KDD (Descubrimiento de Conocimiento en Bases de Datos): Fayyad, Piatetsky-Shapiro y Smyth (1996) definen KDD como el proceso completo de descubrimiento de conocimiento en bases de datos, que incluye la minería de datos como uno de sus principales pasos.

Los pasos de KDD son selección, preprocesamiento, transformación, extracción de datos e interpretación/evaluación.

Algoritmo de minería de datos: es un conjunto de instrucciones paso a paso que se utilizan para realizar la minería de datos. Los ejemplos incluyen algoritmos de clasificación, agrupamiento y regresión.

Almacén de datos: Según Kimball y Ross (2013), un almacén de datos es una colección de datos orientada a un tema, integrada, no volátil y variable en el tiempo que respalda el proceso de toma de decisiones gerenciales.

Grandes datos: conjuntos de datos que son tan grandes o complejos que las herramientas tradicionales de procesamiento de datos son inadecuadas para manejarlos. Laney (2001) describió las tres V del Big Data: volumen, variedad y velocidad.

Instancia o Registro: único elemento o fila en un conjunto de datos, que representa una entidad específica. Por ejemplo, una fila en una tabla de clientes que representa un cliente individual.

Atributo o característica: Propiedad o característica de una instancia, también llamada campo o columna. Por ejemplo, la "edad" o el "salario" de un cliente.

Clasificación: Proceso de identificar a qué categoría o clase pertenece un nuevo registro, basándose en un conjunto de datos que contiene registros cuya categoría se conoce. Ejemplos de algoritmos de clasificación incluyen árboles de decisión, redes neuronales y máquinas de vectores de soporte (SVM).

Agrupación: proceso de dividir un conjunto de datos en grupos o conglomerados, donde los elementos dentro de un grupo son más similares entre sí que con los de otros grupos. Los algoritmos de agrupación comunes incluyen K-means y DBSCAN.

Reglas de asociación : Interesantes relaciones entre variables en grandes bases de datos. Un ejemplo clásico es el análisis de la cesta de la compra, en el que se identifican patrones como "si un cliente compra pan, es probable que también compre mantequilla".

Regresión: técnica utilizada para predecir un valor numérico continuo a partir de un conjunto de datos. La regresión lineal es uno de los métodos más simples y más utilizados.

Preprocesamiento de datos: técnicas para preparar datos para la minería, como limpieza, transformación, reducción y discretización de datos. Según Han, Kamber y Pei (2011), este paso es crucial para garantizar la calidad y precisión de los resultados de la minería de datos.

Datos e Información

Para comprender la minería de datos es fundamental distinguir entre los conceptos de datos e información.

Los datos son hechos sin procesar y sin procesar que pueden recopilarse de diversas fuentes. Son la materia prima de la minería de datos y pueden presentarse en muchas formas.

La información son datos procesados e interpretados, que tienen significado y valor para la toma de decisiones. El proceso de transformar datos en información incluye la aplicación de técnicas de minería de datos para descubrir patrones e ideas. Según Davenport y Prusak (1998), la información son "datos dotados de relevancia y propósito".

Métodos de Recopilación y Preprocesamiento de Datos

La minería de datos se ocupa de una variedad de tipos de datos que se pueden clasificar en tres categorías principales: estructurados, semiestructurados y no estructurados.

Cada tipo de datos tiene características distintas y requiere enfoques específicos para su almacenamiento, procesamiento y análisis.

Los datos estructurados se organizan en un formato definido, normalmente en tablas de bases de datos relacionales. Cada tabla contiene filas y columnas, donde cada columna representa un atributo específico y cada fila corresponde a un registro único.

Este formato tabular permite un fácil acceso y manipulación de datos mediante lenguajes de consulta como SQL (Lenguaje de consulta estructurado).

Según Elmasri y Navathe (2010), los datos estructurados se caracterizan por su rigidez y precisión. Se utilizan ampliamente en aplicaciones empresariales, como sistemas de gestión de transacciones, donde la coherencia e integridad de los datos son cruciales.

Ejemplos comunes de datos estructurados incluyen registros de transacciones, información de clientes, inventarios de productos y datos financieros.

La ventaja de los datos estructurados radica en su facilidad de almacenamiento y recuperación. Las bases de datos relacionales, como MySQL, Oracle y SQL Server, ofrecen mecanismos sólidos para garantizar la integridad de los datos, realizar consultas complejas y mantener la coherencia transaccional.

Los datos semiestructurados no siguen un formato rígido como los datos estructurados, pero aún tienen cierto nivel de organización y etiquetado, lo que permite su interpretación y procesamiento.

Los ejemplos típicos incluyen documentos XML (lenguaje de marcado extensible) y JSON (notación de objetos

JavaScript), que a menudo se utilizan para intercambiar datos entre diferentes sistemas.

Según Abiteboul, Buneman y Suciu (2000), los datos semiestructurados son flexibles y pueden evolucionar fácilmente con el tiempo.

Esta flexibilidad es particularmente útil en entornos donde la estructura de los datos no se conoce completamente de antemano o puede cambiar con frecuencia, como cuando se integran datos de múltiples fuentes heterogéneas o se intercambian datos entre aplicaciones web.

Los datos semiestructurados se utilizan a menudo en aplicaciones de integración de datos, servicios web y API (interfaces de programación de aplicaciones). Permiten modelar datos complejos y jerárquicos, difíciles de representar en tablas relacionales.

Los datos no estructurados no siguen ningún esquema o estructura predefinida. Incluyen una amplia gama de tipos de datos, como texto libre, imágenes, vídeos, audios, correos electrónicos, documentos de texto, publicaciones en redes sociales y datos de sensores.

Russom (2011) destaca que los datos no estructurados representan la mayoría de los datos disponibles actualmente, especialmente con el crecimiento de las redes sociales y la digitalización del contenido multimedia.

El análisis de estos datos requiere técnicas de procesamiento avanzadas, como el procesamiento del lenguaje natural (NLP), la visión por computadora y el análisis de sentimientos.

Si bien los datos no estructurados son más difíciles de gestionar y analizar que los estructurados y semiestructurados, contienen información valiosa que puede proporcionar conocimientos profundos.

Por ejemplo, analizar opiniones en las redes sociales puede ayudar a las empresas a comprender la percepción del público sobre sus productos y servicios. Asimismo, el análisis de imágenes médicas puede ayudar en el diagnóstico de enfermedades.

Comprender los diferentes tipos de datos es fundamental para la minería de datos, ya que cada tipo requiere enfoques específicos para su almacenamiento, procesamiento y análisis.

Los datos estructurados ofrecen precisión y facilidad de manipulación, los datos semiestructurados brindan flexibilidad y adaptabilidad, y los datos no estructurados contienen una gran cantidad de información que requiere técnicas avanzadas para ser exploradas.

A medida que la cantidad y diversidad de datos continúa creciendo, la capacidad de gestionar y extraer valor de todos estos tipos de datos se vuelve cada vez más crítica para las organizaciones.

Bases y Almacenamiento de datos

El crecimiento exponencial de los datos en las últimas décadas ha impulsado la necesidad de sistemas eficientes para almacenar, gestionar y analizar grandes volúmenes de información.

Dentro de este contexto destacan dos conceptos fundamentales: bases de datos y almacenamiento de datos.

Este capítulo tiene como objetivo explorar estos conceptos, sus características, arquitecturas y principales aplicaciones, a partir de trabajos de autores reconocidos en la materia.

Base de Datos

Las bases de datos son sistemas organizados que permiten el almacenamiento, gestión y recuperación eficiente de datos. Son la columna vertebral de muchas aplicaciones informáticas modernas, desde sistemas bancarios hasta plataformas de redes sociales.

Según Date (2004), una base de datos es "una colección de datos operativos almacenados utilizados por las aplicaciones de una organización específica" (Date, CJ *An Introducción a los sistemas de bases de datos*).

Este concepto enfatiza el papel central de las bases de datos a la hora de brindar soporte a los procesos operativos diarios de las organizaciones.

Modelos de Datos

Los modelos de datos definen cómo se estructuran y manipulan los datos en una base de datos. Existen varios modelos, siendo los más comunes el modelo relacional, el modelo orientado a objetos y el modelo NoSQL.

Introducido por Edgar F. Codd en 1970, el **modelo relacional** organiza los datos en tablas (relaciones) que pueden manipularse mediante un lenguaje de consulta estructurado, conocido como *SQL (lenguaje de consulta estructurado)*.

El **modelo orientado a objetos** integra conceptos de programación orientada a objetos con sistemas de bases de datos, permitiendo que los datos se almacenan como objetos complejos, incluidos métodos y atributos.

Diseñado para manejar grandes volúmenes de datos no estructurados, el **modelo NoSQL** ofrece flexibilidad y escalabilidad que los modelos tradicionales no pueden proporcionar.

Almacenamiento de Datos

El concepto de almacenamiento de datos se refiere al proceso de recopilación, almacenamiento y gestión de datos de múltiples fuentes, con el objetivo de facilitar el análisis y la toma de decisiones estratégicas.

Inmon (2005) define un almacén de datos como "un conjunto de datos no volátil, integrado, variable en el tiempo y orientado a un tema que respalda el proceso de toma de decisiones".

Este concepto destaca cuatro características esenciales de un almacén de datos: impulsado por temas, integrado, consolidado, variable en el tiempo y no volátil.

El primero se refiere a estar enfocado a áreas de interés específicas, como ventas, finanzas o marketing. De diferentes fuentes, está integrado y consolidado, lo que garantiza coherencia y precisión.

El almacén de datos mantiene historiales de datos para analizar tendencias y patrones a lo largo del tiempo. Una vez ingresados en el almacén de datos, los datos no se pueden modificar ni eliminar, lo que preserva la integridad histórica.

Arquitectura de Almacenamiento de Datos

La arquitectura de un almacén de datos se compone de varias capas que colaboran para recopilar, transformar y hacer que los datos estén disponibles para su análisis:

El proceso **ETL (Extract, Transform, Load)** es fundamental para integrar datos de diferentes fuentes. Kimball y Ross (2013) describen este proceso como "la columna vertebral de un almacén de datos", enfatizando su importancia para garantizar datos limpios y coherentes.

Data **Staging** es el área temporal donde se almacenan los datos antes de transformarlos y cargarlos en el almacén de datos.

El **Área de Presentación de Datos** es la capa donde los datos transformados se ponen a disposición de los usuarios finales a través de herramientas e informes de Business Intelligence (BI). Las herramientas e interfaces (Data Access Tools) permiten la consulta y análisis de los datos almacenados.

Las bases de datos y el almacenamiento de datos son componentes cruciales en el ecosistema de TI de las organizaciones modernas.

Si bien las bases de datos respaldan las operaciones diarias, los almacenes de datos brindan una visión estratégica y analítica de los datos, esencial para la toma de decisiones informadas.

Métodos de Recopilación y Preprocesamiento de Datos

La recopilación y el preprocesamiento de datos son pasos fundamentales en el ciclo de vida de cualquier proyecto de análisis de datos. Garantizan que los datos brutos, procedentes de diversas fuentes, se transformen en información útil y precisa para su posterior análisis.

Este capítulo explora los principales métodos de recolección de datos y técnicas de preprocesamiento, basándose en referencias de autores reconocidos en el campo.

La recopilación de datos implica la obtención de información de diferentes fuentes, que pueden ser estructuradas o no estructuradas, y es crucial para la integridad y calidad de los análisis posteriores.

Según Tan, Steinbach y Kumar (2019), la recolección de datos se puede realizar de diferentes maneras, dependiendo del contexto y objetivos del proyecto.

Fuentes de Datos

Las Fuentes Primarias incluyen datos recopilados directamente de la fuente original, como entrevistas, cuestionarios y experimentos, generalmente utilizados en investigaciones científicas y estudios de mercado. La recogida de datos primarios es fundamental para garantizar la relevancia y especificidad de la información.

Recopiladas y disponibles a través de otras encuestas, informes, bases de datos públicas y documentos administrativos, **las fuentes secundarias** son valiosas porque brindan acceso a grandes volúmenes de datos de una manera rentable y eficiente.

Los datos generados automáticamente por sistemas y dispositivos, como registros de servidores, sensores de IoT (Internet de las cosas) y redes sociales, constituyen **fuentes automatizadas** , importantes para el análisis en tiempo real y los big data.

Preprocesamiento de Datos

El preprocesamiento de datos es un paso crítico que implica limpiar, transformar y preparar datos sin procesar para su análisis.

Han, Pei y Kamber (2011) afirman que la calidad de los datos es un factor determinante en el éxito de cualquier análisis de datos, y el preprocesamiento tiene como objetivo garantizar esta calidad.

La limpieza de datos es el proceso de identificar y corregir errores e inconsistencias en los datos sin procesar. Esto incluye eliminar duplicados, manejar valores faltantes y corregir errores de entrada.

Las duplicaciones o registros repetidos pueden distorsionar los análisis, lo que hace que la higiene sea esencial para garantizar la integridad de los datos.

Los valores faltantes se pueden manejar de varias maneras, incluida la imputación con la media, la mediana o la moda, o incluso eliminando registros incompletos. Little y Rubin (2019) sugieren que la elección del método de tratamiento depende del patrón de datos faltantes.

Identificar y corregir errores tipográficos, inconsistencias y discrepancias en los datos es un proceso que puede incluir la estandarización de formatos y la verificación cruzada con fuentes confiables.

También es necesaria la transformación de datos, como convertir los datos sin procesar a un formato adecuado para su análisis, normalización, estandarización, agregación y discretización.

En la normalización, los datos se ajustan para que estén dentro de un rango común, lo que facilita la comparación entre diferentes conjuntos de datos. Al estandarizar los datos, los convierte a una distribución con media cero y desviación estándar uno, útil en técnicas de aprendizaje automático (Bishop, 2006, *Pattern Recognition and Machine Learning*).

Otro proceso es combinar varios registros en un único registro resumido (agregación), útil para simplificar el análisis y reducir el volumen de datos.

Por lo tanto, la recopilación y el preprocesamiento de datos son pasos esenciales para garantizar la calidad y utilidad de los análisis de datos. Los métodos de recopilación eficaces garantizan que los datos sean representativos y completos, mientras que las sólidas técnicas de preprocesamiento garantizan que los datos estén limpios y listos para el análisis.

Comprender y aplicar estas técnicas, tal como las analizan autores como Tan, Steinbach, Kumar y Han, son fundamentales para el éxito de cualquier proyecto de análisis de datos.

Proceso de Minería de Datos

La minería de datos es el proceso de extraer patrones, conocimientos e información útil de grandes conjuntos de datos.

Utilizando técnicas estadísticas, aprendizaje automático e inteligencia artificial, este proceso tiene como objetivo transformar los datos sin procesar en información útil para la toma de decisiones.

Según Han, Pei y Kamber (2011), la minería de datos implica varios pasos, incluida la selección de datos relevantes, la limpieza y el preprocesamiento de los datos, la transformación de los datos a un formato adecuado para la minería, la aplicación de la minería para identificar patrones y la interpretación y evaluación de los resultados.

Potencial transformación de diversos sectores como el marketing, las finanzas, la salud y las ciencias sociales, donde se generan continuamente grandes volúmenes de datos, la minería de datos facilita la identificación de tendencias ocultas, comportamientos de los clientes, detección de fraudes y optimización de las operaciones.

Según Witten, Frank y Hall (2011), la efectividad de la minería de datos depende de la calidad de los datos y de la elección adecuada de los algoritmos, y es crucial garantizar que los resultados sean precisos, relevantes e interpretables para que puedan ser aplicado efectivamente en contextos prácticos.

Pasos del Proceso KDD (Descubrimiento de conocimientos en bases de datos)

El proceso KDD (Descubrimiento de conocimientos en bases de datos) es un conjunto sistemático de pasos diseñados para extraer conocimientos útiles e interpretables a partir de grandes volúmenes de datos.

Según Fayyad, Piatetsky-Shapiro y Smyth (1996), el proceso KDD se compone de varios pasos interactivos e interactivos, que incluyen selección, preprocesamiento, transformación, extracción de datos e interpretación/evaluación de resultados.

El primer paso del proceso KDD implica seleccionar datos relevantes de diversas fuentes para su análisis. Este paso es crucial, ya que la calidad y relevancia de los datos seleccionados influyen directamente en los resultados de la minería.

Han, Pei y Kamber (2011) destacan que la selección debe considerar la representatividad de los datos en relación al problema de interés, asegurando que todos los aspectos relevantes estén cubiertos (*Minería de Datos: Conceptos y Técnicas*).

Después de la selección, los datos deben prepararse y limpiarse para eliminar ruidos e inconsistencias. Esto incluye corregir errores, manejar valores faltantes y eliminar duplicados.

Little y Rubin (2019) destacan la importancia del preprocesamiento para garantizar la calidad de los datos, que es esencial para la efectividad de los pasos posteriores (*Análisis estadístico con datos faltantes*).

En la etapa de transformación, los datos se convierten a formatos apropiados para la minería. Esto puede implicar normalización, agregación, discretización y creación de nuevas variables derivadas. La transformación adecuada de los datos mejora la eficiencia de los algoritmos de minería y la calidad de los patrones descubiertos.

La minería de datos es el paso central del proceso KDD, donde se aplican técnicas de minería, como algoritmos de aprendizaje automático, para extraer patrones y conocimiento de los datos transformados.

Witten, Frank y Hall (2011) explican que la elección del algoritmo de minería depende de la naturaleza de los datos y de los objetivos del análisis, y puede incluir métodos de clasificación, regresión, agrupamiento y asociación.

El último paso consiste en interpretar los patrones descubiertos y evaluar su relevancia y utilidad. Los resultados deben valorarse e interpretarse en el contexto del problema empresarial o de investigación.

Esta fase es crucial para transformar patrones en bruto en conocimiento procesable, permitiendo que los resultados se apliquen de manera efectiva para la toma de decisiones.

Técnicas de Minería de Datos

Reglas de Asociación

Las reglas de asociación son una técnica fundamental en la minería de datos, que se utiliza para descubrir relaciones interesantes y frecuentes entre variables en grandes conjuntos de datos.

Esta técnica fue inicialmente popularizada por el algoritmo Apriori, introducido por Agrawal, Imielinski y Swami (1993), cuyo objetivo es identificar conjuntos de elementos frecuentes en las transacciones y derivar reglas de asociación a partir de estos conjuntos.

Son especialmente útiles en aplicaciones de retail para el análisis de la cesta de la compra, donde buscamos entender qué productos se compran juntos con frecuencia.

El **algoritmo Apriori** es uno de los enfoques más conocidos para generar reglas de asociación. Opera en dos pasos principales: encontrar conjuntos de elementos frecuentes y generar reglas de asociación a partir de estos conjuntos.

Según Han, Pei y Kamber (2011), Apriori utiliza la propiedad anti monótona de los conjuntos de ítems, que establece que si un conjunto de ítems es frecuente, todos sus subconjuntos también lo serán. Esto permite que el algoritmo reduzca el espacio de búsqueda, haciéndolo más eficiente.

Para evaluar la calidad de las reglas de asociación, se utilizan métricas como apoyo, confianza y elevación. El soporte indica la frecuencia con la que aparece un conjunto de elementos en la base de datos, mientras que la confianza mide la probabilidad de que el elemento consecuente esté presente en transacciones que contienen el elemento anterior. Lift cuantifica la independencia entre los elementos antecedente y consecuente.

Se han desarrollado varias mejoras y extensiones del algoritmo Apriori para aumentar la eficiencia y aplicabilidad de la minería de reglas de asociación.

Entre ellos destaca el algoritmo FP-Growth, introducido por Han et al. (2000), que utiliza una estructura de árbol para representar conjuntos de elementos frecuentes, eliminando la necesidad de generar candidatos repetitivos. Por lo tanto, hace que FP-Growth sea significativamente más rápido y eficiente en comparación con Apriori.

Las reglas de asociación tienen una amplia gama de aplicaciones prácticas más allá del análisis de la cesta de la compra. Se utilizan en varias áreas, como la bioinformática, para identificar coincidencias de genes, y en marketing, para la segmentación de clientes y recomendaciones de productos.

Witten, Frank y Hall (2011) señalan que la flexibilidad y la interpretabilidad de las reglas de asociación las convierten en una poderosa herramienta para el descubrimiento de conocimiento en muchos dominios.

A pesar de sus ventajas, la minería de reglas de asociación enfrenta desafíos importantes, como generar una gran cantidad de reglas, muchas de las cuales pueden ser redundantes o irrelevantes.

Además, la necesidad de establecer límites adecuados de apoyo y confianza puede resultar problemática. Agrawal y Srikant (1994) sugieren que definir métricas adicionales e incorporar conocimiento del dominio puede ayudar a mitigar estos desafíos y mejorar la calidad de las reglas descubiertas.

Clasificación

Es una de las técnicas más fundamentales y más utilizadas en minería de datos y aprendizaje automático.

El objetivo de la clasificación es predecir la categoría o clase de nuevas observaciones basándose en un conjunto de datos de entrenamiento compuesto por instancias cuyas clases se conocen.

Según Han, Pei y Kamber (2011), la clasificación se utiliza en varias aplicaciones, como diagnósticos médicos, reconocimiento de patrones y detección de fraudes.

Existen varios algoritmos de clasificación, cada uno con sus características y áreas de aplicación específicas. Entre los más populares se encuentran los algoritmos de árboles de decisión, los k vecinos más cercanos (k-NN), las máquinas de vectores de soporte (SVM) y las redes neuronales.

Mitchell (1997) describe que la elección del algoritmo depende de factores como la naturaleza de los datos, la necesidad de interpretabilidad y la precisión deseada.

Los árboles de decisión son modelos de clasificación que segmentan datos en subconjuntos homogéneos, según las características de los datos. Cada nodo interno representa una "pregunta" sobre una característica y cada hoja representa una clase.

Quinlan (1986) popularizó el algoritmo ID3, que utiliza la medida de ganancia de información para construir el árbol. Los árboles de decisión son intuitivos y fáciles de interpretar, lo que los convierte en una opción común en muchas aplicaciones.

El algoritmo **k-Vecinos más cercanos (k-NN)** clasifica una nueva instancia en función de las clases de las "k" instancias más cercanas en el espacio de características. Cover y Hart (1967) introdujeron este método, que es simple y eficaz en muchos casos.

Sin embargo, su eficacia puede verse afectada por datos ruidosos y una alta dimensionalidad, lo que requiere técnicas de preprocesamiento para mejorar el rendimiento.

El poderoso método **Support Vector Machines (SVM)** busca encontrar el hiperplano que mejor separe las clases en un espacio de características multidimensionales.

Vapnik (1995) describe que las SVM son particularmente efectivas en problemas de clasificación binaria y son capaces de tratar con datos separables no linealmente mediante el uso de núcleos. Las SVM son conocidas por su alta precisión y capacidad de generalización.

Las Redes Neuronales son modelos inspirados en la estructura del cerebro humano, compuestas por capas de neuronas artificiales. Cada neurona realiza una combinación lineal de entradas, seguida de una función de activación.

Rumelhart, Hinton y Williams (1986) destacaron la importancia de las redes neuronales y el algoritmo de retropropagación para entrenar estas redes, permitiéndoles aprender patrones complejos en los datos. Son especialmente eficaces en problemas complejos como el reconocimiento de imágenes y el procesamiento del lenguaje natural.

Para evaluar el rendimiento de los modelos de clasificación, se utilizan varias métricas, incluida la exactitud, la precisión, la recuperación y la métrica F1.

Witten, Frank y Hall (2011) explican que estas métricas ayudan a comprender mejor el desempeño de los modelos y su idoneidad para el problema específico.

La elección de la métrica depende del contexto del problema y de las consecuencias de una clasificación errónea, que tiene una amplia gama de aplicaciones prácticas en diferentes dominios.

En el sector sanitario, se utiliza para diagnósticos médicos automatizados, donde los modelos de clasificación ayudan a predecir la presencia de enfermedades basándose en los datos de los exámenes.

En el sector financiero se utiliza para detectar fraude en transacciones, identificando patrones anómalos que puedan indicar actividades fraudulentas.

Además, en marketing, los modelos de clasificación ayudan a segmentar a los clientes y personalizar las ofertas en función de comportamientos y preferencias pasados.

A pesar de su utilidad, la clasificación enfrenta varios desafíos, como el problema del desequilibrio de clases, donde algunas clases se representan con mucha más frecuencia que otras, lo que afecta el rendimiento del modelo.

Han, Pei y Kamber (2011) sugieren técnicas como el muestreo estratificado y la ponderación de clases para mitigar estos problemas.

Otro desafío es la alta dimensionalidad de los datos, que se puede abordar mediante técnicas de reducción de dimensionalidad como PCA (Análisis de Componentes Principales).

La clasificación es una técnica poderosa y versátil en minería de datos, con una amplia gama de algoritmos y aplicaciones prácticas.

Elegir el algoritmo apropiado, junto con una comprensión profunda de las métricas de evaluación y los desafíos específicos del problema, es crucial para una clasificación exitosa en escenarios del mundo real.

Con el avance continuo de las técnicas de aprendizaje automático, la clasificación continúa evolucionando, ofreciendo soluciones cada vez más precisas y eficientes a problemas complejos.

Regresión

La regresión es una técnica estadística y de aprendizaje automático que se utiliza para modelar y analizar la relación entre una variable dependiente y una o más variables independientes.

El objetivo principal es predecir valores numéricos continuos en base a variables explicativas.

Según Han, Pei y Kamber (2011), la regresión se utiliza ampliamente en áreas como la economía, la ingeniería y las ciencias sociales para predecir tendencias y tomar decisiones informadas.

AR **La regresión lineal simple** es el tipo más básico de regresión, donde la relación entre la variable dependiente Y y una única variable independiente X se modela mediante una línea recta.

La ecuación de regresión lineal simple es $Y = \beta_0 + \beta_1 X + \epsilon$, donde β_0 es la intersección,

β_1 es el coeficiente de pendiente y ϵ es el término de error.

Draper y Smith (1998) describen que el método de mínimos cuadrados se utiliza comúnmente para estimar los parámetros β_0 y β_1, minimizando la suma de los cuadrados de las diferencias entre los valores observados y predichos. (*Análisis de Regresión Aplicada*).

Se utiliza **la Regresión Lineal Múltiple**. La ecuación se expande a $Y = \beta_0 + \beta_1 X_1 + \beta_2 X_2 + \ldots + \beta_p X_p + \epsilon$, donde p representa el número de variables independientes.

La regresión lineal múltiple le permite modelar relaciones más complejas entre variables. Montgomery, Peck y Vining (2012) enfatizan la importancia de evaluar la multicolinealidad entre las variables independientes, ya que puede afectar la estabilidad e interpretación de los coeficientes estimados.

Aunque **la regresión logística** se utiliza para problemas de clasificación, a menudo se analiza junto con otras técnicas de regresión debido a su enfoque basado en modelos lineales.

La regresión logística modela la probabilidad de que ocurra un evento binario (como éxito/fracaso) y es útil cuando la variable dependiente es categórica. Hosmer, Lemeshow y Sturdivant (2013) explican que la función logística transforma la salida lineal en probabilidades, facilitando la interpretación de los resultados.

Para relaciones no lineales entre la variable dependiente y las variables independientes, se puede utilizar **la regresión polinómica** y otras formas de regresión no lineal.

La regresión polinómica es una extensión de la regresión lineal, donde la relación se modela mediante un polinomio de grado n. Hastie, Tibshirani y Friedman (2009) describen que la regresión polinómica puede capturar curvaturas en los datos, proporcionando un mejor ajuste cuando la relación lineal no es suficiente.

La evaluación de modelos de regresión es crucial para garantizar la precisión y eficacia de las predicciones. Las métricas comunes incluyen el error cuadrático medio (MSE), el error absoluto medio (MAE) y el coeficiente de determinación (R^2).

Witten, Frank y Hall (2011) destacan que estas métricas ayudan a medir la discrepancia entre los valores predichos y observados, proporcionando una indicación de la calidad del modelo.

Además, el análisis residual se utiliza para verificar la adecuación del modelo mediante la identificación de posibles violaciones de los supuestos de regresión.

La regresión es una técnica versátil y poderosa en minería de datos, con varias variantes que pueden aplicarse a diferentes tipos de problemas.

Desde modelos lineales simples hasta enfoques no lineales complejos, la regresión ofrece una metodología sólida para predecir valores numéricos continuos y analizar relaciones entre variables.

La elección del modelo apropiado, junto con una cuidadosa evaluación e interpretación de los resultados, es fundamental para el éxito en la aplicación práctica de la regresión.

Agrupación

La agrupación, o clustering, es una técnica de minería de datos que busca dividir un conjunto de datos en grupos (clusters) de modo que los objetos dentro de un mismo grupo sean más similares entre sí que con los de otros grupos.

El objetivo de la agrupación es descubrir la estructura subyacente de los datos, proporcionando información útil sin la necesidad de etiquetas predefinidas. La técnica se utiliza ampliamente en varias áreas, incluida la biología, el marketing, el reconocimiento de patrones y el análisis de imágenes.

Existen varios **algoritmos de clustering** , cada uno con sus características específicas y adecuados para diferentes tipos de datos y objetivos. Los más comunes incluyen k-means, agrupación jerárquica y DBSCAN (agrupación espacial basada en densidad de aplicaciones con ruido).

k -**means** es uno de los algoritmos de agrupamiento más simples y más utilizados. Divide el conjunto de datos en

k grupos, donde k es un parámetro definido por el usuario.

MacQueen (1967) describió el algoritmo k-means, que funciona de forma iterativa para minimizar la suma de las distancias cuadráticas entre puntos y el centroide de su grupo. Es eficiente en términos de tiempo de cálculo, pero puede ser sensible a valores atípicos y a la elección inicial de centroides.

La agrupación jerárquica no requiere que se especifique a priori el número de clústeres. En cambio, construye una jerarquía de conglomerados de manera aglomerativa (de abajo hacia arriba) o divisiva (de arriba hacia abajo).

Johnson (1967) introdujo el método aglomerativo, donde cada punto comienza como un grupo individual y, en cada paso, los grupos más cercanos se fusionan hasta que todos los puntos están en un solo grupo. Este método produce un dendrograma, que se puede dividir en diferentes niveles para obtener un número variable de grupos.

El algoritmo basado en densidad, **DBSCAN**, es eficaz para identificar grupos de forma arbitraria y detectar valores atípicos. Ester et al. (1996) propusieron DBSCAN, que agrupa puntos con suficiente densidad y marca los puntos que están solos en regiones de baja densidad como ruido.

DBSCAN no requiere que se especifique la cantidad de grupos, pero sí necesita parámetros para la distancia mínima entre puntos y la cantidad mínima de puntos en un grupo.

Evaluar la calidad de los clusters formados es crucial para garantizar la utilidad del análisis. Las métricas comunes incluyen la suma de distancias internas de los grupos (para algoritmos como k-means), el índice de Dunn, el índice de Davies-Bouldin y la silueta. Kaufman y Rousseeuw (1990) destacan que estas métricas ayudan a medir la cohesión y separación de los clusters, proporcionando una base objetiva para comparar diferentes algoritmos y configuraciones.

La agrupación en clústeres tiene una amplia gama de aplicaciones prácticas. En biología, la agrupación ayuda a identificar grupos de genes o proteínas con funciones similares.

En el análisis de imágenes, se utilizan técnicas de agrupamiento para segmentar imágenes en regiones de interés. Jain, Murty y Flynn (1999) discuten que la versatilidad y aplicabilidad de la agrupación en diferentes áreas resaltan su importancia en el análisis de datos.

Aun así, la agrupación enfrenta varios desafíos. Elegir el número ideal de conglomerados (k) puede resultar difícil e influir significativamente en los resultados. Además, muchos algoritmos de agrupamiento, como k-means, son sensibles a los valores atípicos y a la inicialización del clúster.

Han, Pei y Kamber (2011) sugieren técnicas como la normalización de datos y el uso de métodos sólidos para mitigar estos desafíos.

La escalabilidad también es una preocupación, especialmente con conjuntos de datos muy grandes, que requieren algoritmos y métodos de muestreo eficientes.

La agrupación en clústeres es una técnica poderosa y versátil en la minería de datos, que ofrece métodos para descubrir patrones y estructuras subyacentes en datos sin etiquetar.

Con una amplia gama de métricas y algoritmos de evaluación, la agrupación se puede adaptar a diferentes tipos de datos y problemas, proporcionando información valiosa en diversas aplicaciones prácticas.

Detección de Anomalías

La detección de anomalías es una técnica de minería de datos que tiene como objetivo identificar patrones que no se ajustan al comportamiento esperado o a la mayoría de los datos.

Las anomalías pueden indicar datos raros pero significativos, como fraudes, errores, fallas o eventos poco comunes que deben investigarse.

Según Chandola, Banerjee y Kumar (2009), la detección de anomalías es crucial en áreas como la seguridad de la información, la detección de fraudes, el monitoreo del estado y el mantenimiento predictivo.

Existen varios enfoques para la detección de anomalías, que se pueden clasificar en técnicas supervisadas, semi supervisadas y no supervisadas.

La elección de la técnica depende de la disponibilidad de datos etiquetados y de la naturaleza del problema.

En **Técnicas supervisadas**, un modelo se entrena en un conjunto de datos etiquetados que contiene ejemplos de anomalías y comportamientos normales.

Los métodos comunes incluyen regresión logística, redes neuronales y máquinas de vectores de soporte (SVM). Breunig et al. (2000) introdujeron el concepto de Factor atípico local (LOF), que evalúa la densidad local de cada punto en comparación con sus vecinos, identificando anomalías en áreas de baja densidad.

Las técnicas semi supervisadas utilizan un conjunto de datos compuesto predominantemente de ejemplos normales. El modelo está entrenado para reconocer el comportamiento normal y posteriormente identifica las desviaciones de este comportamiento como anomalías.

Chapelle, Scholkopf y Zien (2006) discuten que las técnicas semi-supervisadas son útiles cuando es difícil obtener un número significativo de ejemplos de anomalías.

Partiendo de la premisa de que las anomalías son raras y diferentes de los datos normales, **las técnicas no supervisadas** no requieren datos etiquetados. Se pueden utilizar algoritmos como k-means, agrupamiento jerárquico y DBSCAN para identificar grupos, donde los puntos que no pertenecen a ningún grupo significativo se consideran anomalías.

Hodge y Austin (2004) enfatizan que las técnicas no supervisadas son aplicables en escenarios donde no existe conocimiento previo sobre la naturaleza de las anomalías.

Además de los enfoques clásicos de aprendizaje automático, los métodos estadísticos y basados en modelos se utilizan ampliamente en la detección de anomalías. Estos métodos suponen que los datos siguen una distribución conocida e identifican anomalías como puntos que se desvían significativamente de esa distribución.

Los métodos estadísticos utilizan propiedades estadísticas de los datos, como la media y la desviación estándar, para identificar anomalías. Por ejemplo, el análisis de componentes principales (PCA) reduce la dimensionalidad de los datos e identifica anomalías basadas en desviaciones de los componentes principales.

Los modelos basados en densidad, como DBSCAN, identifican regiones de alta densidad de puntos y clasifican puntos en regiones de baja densidad como anomalías. Breunig et al. (2000) introdujeron LOF, que compara la densidad local de cada punto con la de sus vecinos, identificando anomalías en áreas de baja densidad.

La detección de anomalías tiene una amplia gama de aplicaciones prácticas. En seguridad de la información, se utiliza para identificar actividades sospechosas o intrusiones en sistemas de red. En la detección de fraude, las técnicas de detección de anomalías ayudan a identificar transacciones financieras inusuales que pueden indicar fraude.

En el seguimiento de la salud, las anomalías en los signos vitales pueden indicar condiciones médicas críticas que requieren atención inmediata. Hawkins (1980) destaca que la detección de anomalías es vital para la identificación temprana de problemas, permitiendo acciones correctivas antes de que se vuelvan críticas.

Pueden ocurrir algunos sesgos, como la alta dimensionalidad de los datos, lo que puede dificultar la identificación de patrones anómalos. Además, la definición de lo que constituye una anomalía puede variar según el contexto, lo que hace que la detección de anomalías sea una tarea altamente contextual.

Han, Pei y Kamber (2011) sugieren utilizar técnicas de reducción de dimensionalidad e incorporar conocimientos de dominio para mejorar la eficacia de la detección de anomalías.

Además, evaluar la eficacia de los métodos de detección de anomalías puede resultar complicado debido a la escasez de datos etiquetados.

Herramientas y Tecnologías

Herramientas de Código Abierto (Weka, RapidMiner, etc.)

Existen varias herramientas de código abierto que son ampliamente utilizadas por profesionales e investigadores en el campo de la minería de datos. Algunos de los más populares incluyen Weka y RapidMiner, entre otros.

Cada una de estas herramientas tiene características y funcionalidades únicas que las hacen adecuadas para diferentes tipos de tareas y usuarios.

Weka **(Entorno Waikato para el Análisis del Conocimiento)** es uno de los más antiguos y respetados para la minería de datos. Desarrollado por la Universidad de Waikato en Nueva Zelanda, Weka es conocido por su interfaz gráfica intuitiva y su amplia gama de algoritmos implementados para tareas de clasificación, regresión, agrupamiento, asociación y selección de características.

Una de las grandes ventajas es su capacidad para importar datos en varios formatos, como bases de datos CSV, JSON y SQL, facilitando el inicio de proyectos de minería de datos.

Weka, altamente extensible, permite a los usuarios agregar nuevos algoritmos y funcionalidades según sea necesario, lo que lo convierte en una opción popular en entornos académicos debido a su solidez y facilidad de uso.

RapidMiner **es** otra herramienta poderosa y ampliamente utilizada en el campo de la minería de datos y el aprendizaje automático.

Inicialmente desarrollado como un proyecto académico, RapidMiner ha evolucionado hasta convertirse en una plataforma comercial de código abierto que ofrece una interfaz gráfica fácil de usar y un entorno de desarrollo integrado (IDE) robusto.

La herramienta admite una amplia gama de operaciones de minería de datos, desde preprocesamiento y visualización de datos hasta modelado y evaluación de modelos predictivos.

Es particularmente apreciado por su capacidad para integrarse con otras herramientas y lenguajes de programación, como Python y R, así como por su capacidad para manejar grandes volúmenes de datos.

Esto convierte a RapidMiner en una opción ideal para empresas y organizaciones que necesitan una solución escalable y flexible para el análisis de datos.

Otras Herramientas

Además de Weka y RapidMiner, existen otras herramientas de código abierto notables que merecen mención. KNIME **(Konstanz Information Miner)** es una plataforma de informes y análisis de datos que permite la integración de varios componentes para la minería de datos y el aprendizaje automático a través de su interfaz de flujo de trabajo visual.

Orange **es** otra herramienta visual para el análisis de datos que es popular en entornos educativos debido a su simplicidad y facilidad de uso.

Herramientas como **Apache Mahout** y **ELKI** son más especializadas y ofrecen soporte avanzado para tareas específicas de minería de datos, como agrupación en clústeres y sistemas de recomendación.

La elección de la herramienta de minería de datos debe guiarse por las necesidades específicas del proyecto, la experiencia del usuario y los requisitos de integración y escalabilidad.

Comparativamente, Weka y RapidMiner son ejemplos de herramientas que ofrecen una poderosa combinación de facilidad de uso y funcionalidad avanzada, lo que las hace adecuadas para una amplia gama de aplicaciones de minería de datos.

Otras herramientas como KNIME y Orange también ofrecen opciones viables, especialmente para usuarios que prefieren un enfoque más visual e intuitivo.

Herramientas Comerciales

Existen varias herramientas comerciales que se utilizan ampliamente en la minería de datos debido a sus funcionalidades avanzadas, su sólida atención al cliente y su perfecta integración con los sistemas empresariales.

Algunos de los más conocidos y utilizados incluyen IBM SPSS Modeler, SAS Enterprise Miner y Microsoft Azure Machine Learning.

Cada una de estas herramientas ofrece un conjunto completo de características que satisfacen las necesidades específicas de diferentes industrias y aplicaciones.

IBM **SPSS Modeler** es una de las principales herramientas comerciales de análisis y extracción de datos. Es conocido por su interfaz de usuario intuitiva basada en flujo de trabajo, que permite a los usuarios crear modelos predictivos y análisis de datos complejos sin la necesidad de una codificación extensa.

SPSS Modeler admite una amplia variedad de algoritmos de aprendizaje automático y técnicas estadísticas, lo que facilita la creación de modelos sólidos para tareas como clasificación, regresión, agrupación y detección de anomalías.

Además, la integración con otras soluciones de IBM y la capacidad de manejar grandes volúmenes de datos hacen de SPSS Modeler una opción popular en entornos corporativos que requieren análisis avanzados e información procesable.

SAS **Enterprise Miner** es otra herramienta de vanguardia en el campo de la minería de datos, que ofrece una amplia gama de funciones para el análisis predictivo y el descubrimiento de conocimientos.

Desarrollado por SAS Institute, Enterprise Miner es conocido por su capacidad para procesar grandes conjuntos de datos y su integración con otras soluciones SAS.

Ofrece un entorno de desarrollo gráfico que facilita la creación de flujos de trabajo analíticos, lo que permite a usuarios con diferentes niveles de habilidad crear y validar modelos predictivos complejos.

SAS Enterprise Miner también destaca por sus capacidades avanzadas de preparación de datos, selección de variables y optimización de modelos, lo que lo hace ideal para proyectos empresariales que requieren precisión y confiabilidad.

La plataforma de aprendizaje automático basada en la nube, **Microsoft Azure Machine Learning,** ofrece una amplia gama de servicios para crear, entrenar e implementar modelos de aprendizaje automático.

Es altamente escalable y se integra perfectamente con otros servicios de Azure, como Azure Data Lake y Azure SQL Database, lo que permite a las empresas administrar y analizar grandes volúmenes de datos de manera eficiente.

Azure Machine Learning admite una amplia gama de algoritmos de aprendizaje automático y ofrece herramientas para automatizar flujos de trabajo, experimentar y monitorear modelos en producción.

Además, la plataforma ofrece un entorno de desarrollo integrado (IDE) que facilita la colaboración entre científicos de datos, ingenieros de datos y desarrolladores.

Potente para el análisis de datos y el aprendizaje automático, la plataforma **TIBCO Statistica** es conocida por su capacidad para procesar grandes conjuntos de datos y sus funcionalidades analíticas avanzadas, que incluyen técnicas de minería de texto, análisis de series temporales y optimización de procesos. Se integra bien con otras soluciones de TIBCO, lo que permite a las empresas crear flujos de trabajo analíticos integrales y eficientes.

La facilidad de uso y la flexibilidad de la plataforma la convierten en una opción popular para las empresas que necesitan una solución sólida y versátil para sus necesidades de análisis de datos.

Las herramientas comerciales de minería de datos, como IBM SPSS Modeler, SAS Enterprise Miner, Microsoft Azure Machine Learning y TIBCO Statistica, ofrecen una combinación de funcionalidad avanzada, soporte al cliente e integración con sistemas empresariales que son esenciales para grandes organizaciones y proyectos complejos.

La elección de la herramienta adecuada depende de las necesidades específicas del proyecto, el presupuesto y el nivel de experiencia del equipo.

Estas herramientas comerciales brindan una plataforma sólida para las empresas que buscan obtener información útil y optimizar sus procesos de toma de decisiones a través de análisis de datos avanzados.

Lenguajes de Programación para Minería de Datos (Python, R)

Los lenguajes de programación desempeñan un papel crucial en la minería de datos y ofrecen potentes herramientas y bibliotecas para el análisis, modelado y visualización de datos.

Python y R son dos de los lenguajes más populares y utilizados para este fin. Cada uno de ellos tiene características únicas que los hacen adecuados para diferentes tipos de tareas y usuarios.

Python es un lenguaje de programación versátil y fácil de aprender conocido por su simplicidad y legibilidad. Se ha vuelto extremadamente popular en la comunidad de ciencia y minería de datos debido a su amplia gama de bibliotecas y marcos.

Algunas de las bibliotecas más utilizadas para la minería de datos en Python incluyen:

Pandas: estructuras de datos y operaciones de alto rendimiento para la manipulación de datos, lo que facilita la limpieza, transformación y análisis de grandes conjuntos de datos.

NumPy: soporte para matrices multidimensionales y operaciones matemáticas de alto rendimiento, esenciales para cálculos numéricos.

Scikit-learn: Biblioteca completa para aprendizaje automático, que incluye algoritmos de clasificación, regresión, agrupamiento y reducción de dimensionalidad.

Matplotlib y Seaborn: bibliotecas de visualización de datos que le permiten crear gráficos y trazados de alta calidad para análisis exploratorios de datos.

TensorFlow y PyTorch: marcos de aprendizaje profundo, ampliamente utilizados para construir y entrenar modelos complejos de redes neuronales.

Python también destaca por su comunidad activa y abundantes recursos, incluidos tutoriales, cursos en línea y documentación detallada. Esto facilita que nuevos usuarios se unan y colaboren en proyectos de minería de datos.

R es un lenguaje de programación y un entorno de software dedicado a la informática y los gráficos estadísticos. Es especialmente popular entre los estadísticos y científicos de datos por su capacidad para realizar análisis estadísticos complejos y generar visualizaciones de datos detalladas. Algunas de las características y paquetes más importantes de R incluyen:

dplyr: paquete de manipulación de datos que simplifica las operaciones de filtrado, selección y agrupación de datos.

ggplot2: potente biblioteca de visualización de datos basada en gramática gráfica, que permite la creación de gráficos complejos y personalizables.

caret: funciones para crear, entrenar y evaluar modelos predictivos, facilitando la aplicación de técnicas de aprendizaje automático.

shiny: una biblioteca que le permite crear aplicaciones web interactivas para la visualización y el análisis de datos, lo que facilita compartir resultados e ideas.

tidyr: facilita la transformación y limpieza de los datos, facilitando su trabajo en análisis posteriores.

R se utiliza ampliamente en la investigación académica y la industria, especialmente en áreas que requieren análisis estadísticos profundos y visualizaciones detalladas.

Su fuerte énfasis en estadísticas y gráficos lo convierte en una opción ideal para proyectos que requieren análisis de datos exploratorios y modelado estadístico avanzado.

La elección entre Python y R para la minería de datos depende de las necesidades específicas del proyecto y de la experiencia del equipo.

Se prefiere Python por su versatilidad, facilidad de uso y amplia gama de bibliotecas para aprendizaje automático y aprendizaje profundo, lo que lo hace ideal para proyectos que involucran grandes volúmenes de datos y algoritmos complejos.

R, por otro lado, es ideal para análisis estadísticos detallados y visualizaciones avanzadas, y se usa ampliamente en investigaciones académicas y sectores donde el análisis estadístico es fundamental.

Ambos lenguajes son poderosos y, a menudo, aprender a usarlos puede resultar ventajoso para los científicos de datos que desean maximizar sus capacidades de análisis y modelado de datos.

II. FUNDAMENTOS DE LA INTELIGENCIA ARTIFICIAL

Introducción a la Inteligencia Artificial

La inteligencia artificial (IA) es un campo de la informática que se centra en la creación de sistemas capaces de realizar tareas que normalmente requerirían inteligencia humana.

Estas tareas incluyen reconocimiento de voz, comprensión del lenguaje natural, visión por computadora, toma de decisiones y resolución de problemas. Desde sus inicios, la IA ha buscado replicar o simular procesos cognitivos humanos, con el objetivo de construir máquinas que puedan pensar y actuar de forma autónoma e inteligente.

La evolución de la IA ha estado marcada por importantes avances en los algoritmos, el poder computacional y la disponibilidad de grandes volúmenes de datos, permitiendo el desarrollo de sistemas cada vez más sofisticados y eficaces.

John McCarthy, uno de los pioneros de la IA, definió la inteligencia artificial como "la ciencia y la ingeniería para fabricar máquinas inteligentes, especialmente programas informáticos inteligentes".

Esta definición resalta la dualidad de la IA como disciplina científica y de ingeniería, que busca comprender los principios fundamentales de la inteligencia y aplicar ese conocimiento para construir sistemas útiles.

La IA abarca una amplia gama de subcampos, incluido el aprendizaje automático, las redes neuronales, los sistemas expertos, la robótica y el procesamiento del lenguaje natural.

Los principales objetivos de la IA se pueden clasificar en dos áreas principales: IA fuerte e IA débil. La IA fuerte se refiere al desarrollo de sistemas que tienen una inteligencia general comparable a la de los humanos, capaces de comprender, aprender y aplicar el conocimiento de forma amplia y flexible.

Este tipo de IA sigue siendo un objetivo teórico y lejano, con muchos desafíos técnicos y filosóficos que superar. Por otro lado, la IA débil (o IA estrecha) se centra en sistemas diseñados para realizar tareas específicas de manera eficiente y efectiva.

Ejemplos de IA débil incluyen asistentes virtuales como Siri y Alexa, sistemas de recomendación en plataformas de streaming y vehículos autónomos.

Stuart Russell y Peter Norvig, en su influyente libro "Artificial Intelligence: A Modern Approach", clasifican los objetivos de la IA en cuatro categorías: sistemas que piensan como humanos, sistemas que actúan como humanos, sistemas que piensan racionalmente y sistemas que actúan racionalmente.

Esta categorización proporciona un marco integral para comprender los diversos enfoques y objetivos dentro del campo de la IA. Los sistemas que piensan y actúan como humanos tienen como objetivo replicar el comportamiento humano, mientras que los sistemas que piensan y actúan racionalmente se centran en lograr resultados óptimos basados en principios de lógica y toma de decisiones.

En resumen, la inteligencia artificial representa una de las fronteras más emocionantes y desafiantes de la ciencia y la tecnología modernas.

Sus objetivos van desde la creación de sistemas especializados que mejoren la eficiencia y eficacia en tareas específicas, hasta la ambiciosa meta de desarrollar máquinas con inteligencia comparable a la de los humanos.

En consecuencia, con su evolución, la IA promete transformar numerosos aspectos de la sociedad y la economía, planteando también importantes cuestiones éticas y filosóficas sobre el futuro de la interacción entre humanos y máquinas.

Historia de la Inteligencia Artificial

La inteligencia artificial (IA) tiene una historia rica y variada, marcada por períodos de gran entusiasmo e innovación, así como momentos de desilusión y reevaluación.

Desde los primeros conceptos filosóficos hasta los avances tecnológicos recientes, la IA ha evolucionado continuamente, impulsada por avances teóricos y prácticos en informática, matemáticas y neurociencia.

La idea de máquinas inteligentes se remonta a la antigüedad, cuando filósofos griegos como Aristóteles exploraban la lógica formal y los conceptos de automatización.

Sin embargo, la IA moderna comenzó a tomar forma en el siglo XX, con el desarrollo de la teoría de la computación por parte de Alan Turing.

En su obra fundamental "Computing Machinery and Intelligence" (1950), Turing propuso la famosa "Prueba de Turing" como criterio para determinar si una máquina podía exhibir un comportamiento inteligente indistinguible del humano.

En la década de 1950 se formalizó la IA como campo de estudio. En 1956, la Conferencia de Dartmouth, organizada por John McCarthy, Marvin Minsky, Nathaniel Rochester y Claude Shannon, a menudo se considera el hito oficial del nacimiento de la IA como disciplina académica.

La conferencia reunió a investigadores interesados en máquinas que pudieran "pensar" y "aprender", sentando las bases para futuras investigaciones y desarrollo.

En los años siguientes surgieron los primeros programas de IA, como "Logic Theorist", desarrollado por Allen Newell y Herbert A. Simon, que pudieron demostrar teoremas de lógica matemática. Otro hito importante fue el desarrollo del "General Problem Solver" (GPS), también de Newell y Simon, que intentaba resolver problemas de forma similar al pensamiento humano.

Las décadas de 1970 y 1980 fueron períodos mixtos para la IA. Si bien hubo avances significativos, como el desarrollo de sistemas expertos que podrían realizar tareas en dominios específicos como el diagnóstico médico (por ejemplo, el sistema MYCIN), también hubo períodos de frustración.

Las altas expectativas no cumplidas y las limitaciones tecnológicas han llevado a períodos conocidos como "inviernos de la IA", en los que la financiación y el interés han disminuido.

La década de 1990 marcó un resurgimiento de la IA, impulsado por el aumento de la potencia informática y la disponibilidad de grandes conjuntos de datos.

La victoria de la computadora Deep Blue de IBM sobre el campeón mundial de ajedrez Garry Kasparov en 1997 fue un momento icónico, que demostró el potencial de las máquinas para superar a los humanos en tareas complejas.

En la década de 2000, la atención se centró en el aprendizaje automático, un subcampo de la IA que se centra en algoritmos que permiten a las máquinas aprender a partir de datos.

La popularidad de técnicas como las redes neuronales artificiales y el aprendizaje profundo comenzó a crecer, lo que dio lugar a avances en el reconocimiento de voz, la visión por computadora y el procesamiento del lenguaje natural.

Los últimos quince años han traído avances rápidos y significativos, impulsados por la era del Big Data y la computación en la nube. El aprendizaje profundo, en particular, ha revolucionado la IA, permitiendo el desarrollo de sistemas como AlphaGo de DeepMind, que derrotó al campeón mundial de Go, un juego extremadamente complejo, en 2016.

Actualmente, la IA está integrada en muchas áreas de la vida cotidiana, desde asistentes virtuales y vehículos autónomos hasta diagnósticos médicos avanzados y sistemas de recomendación en plataformas digitales.

El campo continúa evolucionando rápidamente, con investigaciones centradas en hacer que los sistemas de IA sean más interpretables, éticos y seguros.

Áreas y Aplicaciones de la IA

Las áreas clave incluyen aprendizaje automático, visión por computadora, procesamiento del lenguaje natural, robótica e inteligencia artificial generativa.

El aprendizaje automático (ML) desarrolla algoritmos que permiten a las máquinas aprender de los datos y mejorar con el tiempo. Las aplicaciones incluyen sistemas de recomendación (Netflix, Amazon), diagnóstico médico (análisis de imágenes) y previsión de la demanda (gestión de inventario).

La visión por computadora permite a las máquinas interpretar información visual. Se utiliza en reconocimiento facial (seguridad y redes sociales), vehículos autónomos (navegación y percepción) y análisis de imágenes médicas (detección de anomalías).

El procesamiento del lenguaje natural (PNL) facilita la interacción entre las computadoras y el lenguaje humano. Las aplicaciones incluyen asistentes virtuales (Siri, Alexa), traducción automática (Google Translate) y análisis de sentimientos (redes sociales, comentarios de los clientes).

La robótica implica diseñar robots para realizar tareas físicas. Los ejemplos incluyen robots industriales (líneas de montaje), robots de servicios (aspiradoras automáticas, partos en hospitales) y exploración espacial (robots en Marte).

La IA generativa crea contenido original como arte digital, texto (GPT-3) y síntesis de voz (voces en off, asistentes virtuales). Revoluciona varios sectores, ofrece nuevas oportunidades y enfrenta desafíos complejos con sus aplicaciones transformadoras en la forma en que vivimos y trabajamos, con un impacto creciente en la innovación y la calidad de vida.

Uno de los principales desafíos técnicos de la IA es la transparencia de los modelos, especialmente en el aprendizaje profundo.

Estos modelos suelen considerarse "cajas negras" donde las decisiones tomadas son difíciles de interpretar. Esto dificulta entender cómo se llegó a las conclusiones y puede generar una falta de confianza en los sistemas de IA.

Según Lipton (2016), la interpretabilidad de los modelos de aprendizaje automático es fundamental para garantizar que las decisiones tomadas sean comprensibles y confiables.

Garantizar que los sistemas de IA sean seguros y robustos es crucial, especialmente en aplicaciones críticas como vehículos autónomos y diagnóstico médico.

Los modelos de IA deben poder manejar situaciones inesperadas y resistir ataques adversarios, donde las entradas maliciosas están diseñadas para engañar al sistema.

Goodfellow et al. (2014) destacan que los ataques adversarios pueden comprometer seriamente la seguridad de los sistemas de aprendizaje profundo, lo que requiere nuevos enfoques para mejorar la solidez de los modelos.

Junto con la cantidad de datos en crecimiento exponencial, la necesidad de escalabilidad y eficiencia de los algoritmos de IA se convierte en un desafío importante.

Desarrollar métodos que puedan procesar grandes volúmenes de datos de manera eficiente y en tiempo real es esencial para la aplicabilidad práctica de la IA.

Dean y cols. (2012) analizan la importancia de los sistemas distribuidos y las técnicas de paralelización para manejar grandes conjuntos de datos de manera eficiente.

Los sistemas de inteligencia artificial pueden reflejar e incluso amplificar los sesgos presentes en los datos de capacitación, lo que lleva a decisiones injustas y discriminatorias en áreas como la contratación, el crédito y la vigilancia.

Buolamwini y Gebru (2018) demuestran que los algoritmos de reconocimiento facial tienen tasas de error significativamente más altas para las mujeres y las personas de color, lo que destaca la necesidad de métodos para identificar y mitigar estos sesgos.

La recopilación y el análisis de grandes volúmenes de datos personales plantea importantes preocupaciones sobre la privacidad. Es necesario implementar estrictas medidas de seguridad de datos y garantizar que las personas tengan control sobre su información personal.

Zarsky (2016) sostiene que la protección de la privacidad debería ser una prioridad en la era de la IA, con regulaciones claras para proteger los datos personales.

La automatización impulsada por la IA podría conducir a la sustitución de empleos en todos los sectores, provocando desempleo y desigualdad económica. Tiene el potencial de desplazar trabajadores, pero también crea oportunidades para nuevas formas de trabajo, lo que pone de relieve la necesidad de políticas de reciclaje y educación continua.

Determinar quién es responsable de las decisiones tomadas por los sistemas de IA es un desafío ético importante.

Desarrollar marcos legales y regulatorios para garantizar la responsabilidad y la rendición de cuentas es esencial para la implementación segura y ética de la IA.

Bryson et al. (2017) discuten la necesidad de una regulación clara para atribuir responsabilidad en casos de falla o daño causado por los sistemas de IA.

Los desafíos y las consideraciones éticas en la inteligencia artificial son complejos y multifacéticos, y requieren un enfoque interdisciplinario que involucre a científicos, ingenieros, formuladores de políticas y a la sociedad en general.

Abordar estos problemas de manera proactiva es fundamental para garantizar que la IA se desarrolle e implemente de manera ética y responsable, beneficiando a la sociedad en su conjunto.

Aprendizaje Automático

El aprendizaje automático (ML) es un campo de la inteligencia artificial que permite a las computadoras aprender de los datos y mejorar sus tareas con el tiempo sin estar programadas explícitamente para hacerlo.

Según Alpaydin (2016), el ML se basa en la idea de que los sistemas pueden aprender de los datos, identificar patrones y tomar decisiones con una mínima intervención humana, promoviendo avances significativos en varias áreas, como el reconocimiento de voz, la visión por computadora y los sistemas de recomendación.

Conceptos Básicos

En el centro del aprendizaje automático se encuentran conceptos fundamentales que definen cómo los modelos aprenden y toman decisiones.

Según Bishop (2006), la idea central es utilizar datos históricos para construir modelos que puedan predecir o tomar decisiones basadas en nuevos datos. Esto implica comprender las funciones de pérdida, elegir hiper parámetros y evaluar el rendimiento del modelo.

Tipos de Aprendizaje

El aprendizaje supervisado es uno de los métodos más comunes e implica el uso de un conjunto de datos etiquetados para entrenar el modelo.

Russell y Norvig (2010) explican que, en este tipo de aprendizaje, el objetivo es aprender un mapeo de entradas a salidas, utilizando como base datos etiquetados.

Los ejemplos incluyen clasificación y regresión, donde el modelo se evalúa según su capacidad para predecir etiquetas correctas para nuevas entradas.

A diferencia del aprendizaje supervisado, el aprendizaje no supervisado no utiliza datos etiquetados. Según Murphy (2012), el objetivo es encontrar estructuras o patrones ocultos en los datos. Las técnicas comunes incluyen agrupación y reducción de dimensionalidad.

La agrupación, por ejemplo, intenta agrupar datos similares sin orientación previa, revelando conocimientos importantes sobre la estructura de los datos.

El aprendizaje semi supervisado combina elementos de métodos supervisados y no supervisados. Como lo describen Chapelle, Schölkopf y Zien (2006), utiliza una pequeña cantidad de datos etiquetados junto con una gran cantidad de datos sin etiquetar.

Este enfoque es útil cuando el etiquetado de datos es costoso o requiere mucho tiempo, lo que permite que el modelo aproveche los datos no etiquetados para mejorar la precisión.

En el aprendizaje por refuerzo, un agente aprende a tomar decisiones mediante prueba y error, recibiendo recompensas o sanciones. Sutton y Barto (2018) destacan que este método está inspirado en el aprendizaje de conductas en humanos y animales, donde la secuencia de acciones conduce a una recompensa acumulativa, y el objetivo del agente es maximizar esta recompensa en el tiempo.

Minería de datos e IA: conceptos, fundamentos y aplicaciones

Algoritmos Comunes

La regresión lineal es un algoritmo simple y ampliamente utilizado en el aprendizaje supervisado para modelar la relación entre una variable dependiente y una o más variables independientes.

Según Seber y Lee (2012), la regresión lineal intenta ajustar una línea que minimice la suma de cuadrados de las diferencias entre las predicciones del modelo y los valores de los datos reales.

Los árboles de decisión son estructuras modelo que dividen los datos en segmentos según los valores de las características, creando un árbol de decisión.

Mitchell (1997) explica que cada nodo interno representa una característica, cada rama representa un resultado de prueba y cada hoja representa una etiqueta o valor de clase. Son intuitivos y fáciles de interpretar, pero pueden sufrir un sobreajuste.

Las redes neuronales son modelos inspirados en la estructura del cerebro humano, compuestos por capas de neuronas artificiales. Según Goodfellow, Bengio y Courville (2016), las redes neuronales son capaces de capturar patrones complejos y son la base del aprendizaje profundo, que resulta particularmente efectivo en tareas como el reconocimiento de imágenes y el procesamiento del lenguaje natural.

Evaluar el rendimiento de un modelo de aprendizaje automático es crucial para garantizar su eficacia. Powers (2011) destaca la importancia de métricas como la precisión, la recuperación, la puntuación F1 y la curva ROC.

Además, la validación cruzada es una técnica importante para evaluar la generalización del modelo, lo que ayuda a evitar el sobreajuste y garantiza que el modelo funcione bien con datos invisibles.

El aprendizaje automático es un campo dinámico y esencial en la era de la información, que proporciona herramientas poderosas para analizar e interpretar grandes volúmenes de datos.

A través de diferentes tipos de aprendizaje y variados algoritmos, los modelos de ML son capaces de resolver problemas complejos y ofrecer soluciones innovadoras.

La investigación y el desarrollo continuos en esta área prometen avances aún más significativos, ampliando el impacto del aprendizaje automático en diferentes esferas de la sociedad.

Redes Neuronales y Aprendizaje Profundo

Estructura de las Redes Neuronales

Las redes neuronales son una subcategoría del aprendizaje automático inspirada en la estructura y funcionamiento del cerebro humano. Están formadas por capas de unidades llamadas neuronas, que procesan información y transmiten señales.

Según Goodfellow, Bengio y Courville (2016), las redes neuronales son capaces de aprender representaciones complejas de datos, lo que las hace particularmente efectivas en tareas como el reconocimiento de imágenes y el procesamiento del lenguaje natural.

Una red neuronal típica se compone de tres tipos de capas: la capa de entrada, una o más capas ocultas y la capa de salida.

Cada neurona de una capa está conectada a las neuronas de la siguiente capa mediante pesos ajustables, como lo describe Nielsen (2015).

Las redes profundas, o *aprendizaje profundo*, tienen muchas capas ocultas, lo que permite modelar patrones complejos y abstracciones de alto nivel en los datos.

Algoritmo de Retropropagación

El **algoritmo de retropropagación** es una técnica fundamental en el entrenamiento de redes neuronales artificiales. Introducido por Rumelhart, Hinton y Williams en 1986, este método permite actualizar los pesos de la red neuronal calculando el gradiente de error en relación con cada peso.

El proceso implica dos pasos principales: la propagación de la señal de entrada a través de la red (paso hacia adelante) y la propagación del error hacia atrás a través de la red (paso hacia atrás).

En el primer paso, la entrada se procesa capa por capa hasta llegar a la salida, donde el error se calcula comparando la salida real con la salida deseada.

Este error se propaga nuevamente a través de la red en el siguiente paso, y los pesos se ajustan de acuerdo con la regla de descenso de gradiente para minimizar el error.

La técnica fue revolucionaria, ya que hizo viable entrenar redes neuronales con múltiples capas, también conocidas como redes profundas.

Como señalaron Goodfellow, Bengio y Courville, "la retropropagación proporciona una forma eficiente de calcular los gradientes necesarios para ajustar los parámetros de la red" (Goodfellow et al., 2016).

Concepto de Aprendizaje Profundo

El **aprendizaje profundo, o aprendizaje profundo** , se refiere a una clase de algoritmos de aprendizaje automático que utilizan redes neuronales artificiales con muchas capas (redes neuronales profundas).

Este campo ha ganado importancia debido a su capacidad para modelar patrones complejos y representaciones abstractas a partir de grandes volúmenes de datos.

A diferencia de los métodos tradicionales de aprendizaje automático que requieren ingeniería de funciones, el aprendizaje profundo permite la extracción automática de funciones relevantes a partir de datos sin procesar.

Esto se logra a través de múltiples capas de procesamiento no lineal, cada una de las cuales transforma la representación de los datos de manera jerárquica.

Según Ian Goodfellow, Yoshua Bengio y Aaron Courville, "el aprendizaje profundo es parte de la familia de métodos de aprendizaje automático que se basan en redes neuronales artificiales, diferenciándose por la profundidad de la arquitectura de red utilizada" (Goodfellow et al., 2016).

Arquitecturas de Aprendizaje Profundo (CNN, RNN, GAN)

convolucionales (**CNN**) son un tipo de arquitectura de aprendizaje profundo que es particularmente efectiva para tareas de visión por computadora como el reconocimiento de imágenes y la detección de objetos.

Las CNN utilizan capas convolucionales que aplican filtros a pequeñas regiones de la entrada, lo que permite capturar características espaciales jerárquicas y reducir la cantidad de parámetros en comparación con redes completamente conectadas.

Se inspiró en la organización de la corteza visual de los animales, como la describen LeCun, Bengio y Hinton: "Las CNN están diseñadas explícitamente para procesar datos que vienen en forma de múltiples matrices, como una imagen con ancho y alto" (LeCun et al., 2015).

Diseñadas para procesar datos secuenciales, **las redes neuronales recurrentes (RNN)** son ideales para tareas como el procesamiento del lenguaje natural y las series temporales.

La característica distintiva de los RNN es su capacidad para mantener un estado oculto que captura información sobre entradas anteriores, lo que permite que la red tenga una memoria a corto plazo.

Sin embargo, los RNN tradicionales sufren problemas de explosión y desvanecimiento de gradiente, lo que limita su capacidad para capturar dependencias a largo plazo.

Para mitigar estos problemas, se han desarrollado variantes como la memoria a corto plazo (LSTM) y las unidades recurrentes cerradas (GRU).

Como lo discutieron Hochreiter y Schmidhuber, "los LSTM fueron diseñados para superar las limitaciones de los RNN clásicos al permitir la captura de dependencias a largo plazo de manera más eficiente" (Hochreiter y Schmidhuber, 1997).

Introducidas por Ian Goodfellow en 2014, **las redes generativas adversarias (GAN)** son una clase de modelos de aprendizaje profundo que constan de dos redes neuronales que compiten entre sí: una red generadora y una red discriminadora.

La red generadora crea datos falsos que imitan datos reales, mientras que la red discriminadora intenta distinguir entre datos reales y falsos.

Este proceso competitivo, conocido como juego min-max, lleva a ambas redes a mejorar continuamente sus respectivas habilidades, lo que da como resultado generadores capaces de producir datos altamente realistas.

Goodfellow et al. destacan que "las GAN ofrecen un enfoque potente y versátil para generar muestras de alta calidad a partir de distribuciones de datos complejas" (Goodfellow et al., 2014).

Procesamiento del Lenguaje Natural (PNL)

El procesamiento del lenguaje natural (PNL) es un campo interdisciplinario que combina la lingüística, la informática y la inteligencia artificial para permitir que las máquinas comprendan, interpreten y generen el lenguaje humano de manera significativa.

El objetivo de la PNL es facilitar la interacción entre humanos y computadoras permitiendo que las computadoras procesan y analizan grandes cantidades de datos lingüísticos.

La evolución de la PNL ha sido impulsada por los avances en los algoritmos de aprendizaje automático, el aumento de la potencia informática y la disponibilidad de grandes volúmenes de datos textuales.

Según Jurafsky y Martin, "la PNL implica algoritmos que abordan tareas lingüísticas como la traducción automática, el análisis de sentimientos, el reconocimiento de voz y más" (Jurafsky y Martin, 2009).

Minería de datos e IA: conceptos, fundamentos y aplicaciones

Técnicas de PNL (Tokenización, Stemming, Lematización)

La tokenización es el proceso de dividir el texto en unidades más pequeñas llamadas "tokens", que pueden ser palabras, subpalabras o caracteres. Este es un paso crucial en muchas aplicaciones de PNL, ya que facilita el análisis y manipulación de datos textuales.

Puede variar en complejidad, desde una simple división del texto basada en espacios y puntuación hasta técnicas más avanzadas que consideran reglas lingüísticas específicas.

Por ejemplo, la tokenización de subpalabras se utiliza en modelos como BERT y GPT, donde las palabras se dividen en subcomponentes para manejar vocabularios extensos y ricos.

Como afirman Manning, Raghavan y Schütze, "la tokenización es fundamental para preparar el texto para el análisis posterior en prácticamente todos los sistemas de PNL" (Manning et al., 2008).

La derivación es la técnica de reducir palabras a sus formas básicas, o "raíces", eliminando sufijos y prefijos. Esta técnica se utiliza para tratar variaciones morfológicas de una palabra, permitiendo tratar de forma uniforme diferentes formas de una misma palabra.

Por ejemplo, las palabras "corriendo", "corredor" y "corrió" se pueden reducir a la raíz "correr". Los algoritmos de derivación, como Porter Stemmer, aplican una serie de reglas de transformación para lograr este objetivo.

Si bien la derivación puede ser eficaz, a menudo da como resultado palabras que no son reales, lo que puede afectar la precisión de algunas aplicaciones de PNL.

Según Porter, "el algoritmo de derivación puede ser simple, pero es extremadamente eficaz para reducir la dimensionalidad de los datos textuales" (Porter, 1980).

La lematización es una técnica más avanzada que la derivación, ya que transforma las palabras en sus formas base o "lemas" considerando el contexto lingüístico y la morfología de la palabra.

A diferencia de la derivación, que puede producir raíces irreconocibles, la derivación utiliza diccionarios morfológicos para garantizar que la palabra resultante tenga una forma válida. "Correr", por ejemplo, se transformaría en "correr", y "mejor" se transformaría en "bueno".

Es más preciso y, a menudo, se prefiere en aplicaciones que requieren una comprensión más profunda del lenguaje, aunque es más intensivo desde el punto de vista computacional.

Como explican Bird, Klein y Loper, "la lematización requiere más conocimiento lingüístico pero proporciona resultados más precisos y significativos para muchas tareas de PNL" (Bird et al., 2009).

Modelado de Lenguaje (Bag of Words, TF-IDF, incrustaciones de palabras)

El modelo **Bag of Words (BoW)** es un enfoque simple y ampliamente utilizado para representar textos en el modelado del lenguaje. En él, un texto se representa como un conjunto de palabras, sin tener en cuenta el orden de las palabras, la gramática o el contexto.

Cada documento se convierte en un vector de frecuencia de palabras, donde cada posición en el vector corresponde a una palabra en el vocabulario total y el valor en esa posición indica la frecuencia de esa palabra en el documento.

Aunque BoW es simple de implementar y computacionalmente eficiente, tiene limitaciones importantes, como la incapacidad de capturar el significado semántico y las relaciones entre palabras. Según Manning, Raghavan y Schütze, "el modelo BoW es eficiente para tareas básicas de

PNL, pero pierde información sobre el orden de las palabras y el contexto" (Manning et al., 2008).

TF-IDF (Frecuencia de términos-Frecuencia de documentos inversa) es una técnica de modelado de lenguaje que mejora el modelo BoW al considerar no solo la frecuencia de los términos, sino también la relevancia de los términos en relación con el conjunto de documentos.

TF (frecuencia de términos) mide la frecuencia de una palabra en un documento, mientras que IDF (frecuencia de documento inversa) evalúa la rareza de la palabra en todos los documentos.

El producto de estas dos medidas da como resultado el valor TF-IDF, que aumenta con la frecuencia de la palabra en un documento, pero se compensa con la rareza de la palabra en otros documentos.

Este método ayuda a resaltar palabras que son importantes para el contenido de un documento específico, pero lo suficientemente comunes como para no ser ruidosas.

Como señaló Jones, "TF-IDF es una herramienta crucial para la recuperación de información y la extracción de textos" (Jones, 1972).

Las incrustaciones de palabras son representaciones vectoriales densas de palabras que capturan sus relaciones semánticas y contextuales en un espacio de alta dimensión. A diferencia de los modelos BoW y TF-IDF, las incrustaciones de palabras preservan la semántica de las palabras, permitiendo que palabras con significados similares estén juntas en el espacio vectorial.

Las técnicas populares para generar incrustaciones incluyen Word 2 Vec, GloVe (Vectores globales para representación de palabras) y FastText. Estos métodos utilizan redes neuronales para aprender representaciones distribuidas de palabras según el contexto en el que aparecen en los textos.

Mikolov et al. destacan que las incrustaciones de palabras transforman el modelado del lenguaje, permitiendo que los algoritmos de aprendizaje automático comprendan las relaciones semánticas y sintácticas de manera más efectiva" (Mikolov et al., 2013).

Aplicaciones de PNL (análisis de sentimientos, traducción automática, chatbots)

El análisis de sentimientos es una aplicación popular de PNL que implica identificar y extraer opiniones subjetivas en texto, como reseñas de productos, publicaciones en redes sociales y comentarios de clientes.

El objetivo es determinar la polaridad (positiva, negativa o neutra) e intensidad de las emociones expresadas en los textos. Las técnicas de PNL como BoW, TF-IDF y la incrustación de palabras se combinan con algoritmos de aprendizaje automático para crear modelos que clasifican los sentimientos.

Liu señala que "el análisis de sentimientos es vital para las empresas que buscan comprender las percepciones de los clientes y ajustar sus estrategias en consecuencia" (Liu, 2012).

La traducción automática utiliza técnicas de PNL para traducir textos de un idioma a otro. Los modelos tradicionales, como la traducción automática estadística (SMT), han sido reemplazados en gran medida por modelos de traducción automática neuronal (NMT), que utilizan redes neuronales profundas para aprender traducciones contextualmente precisas.

Modelos avanzados como Transformer, desarrollado por Vaswani et al., han revolucionado la traducción automática al permitir traducciones más precisas y fluidas.

"Los modelos NMT, especialmente los basados en Transformer, superan significativamente a los métodos tradicionales en términos de calidad de traducción" (Vaswani et al., 2017).

Sistemas de PNL que interactúan con los usuarios a través del lenguaje natural, **los Chatbots** realizan tareas como atención al cliente, soporte técnico y consultas informativas. Utilizan modelos de lenguaje y técnicas de PNL para comprender y generar respuestas adecuadas.

Con el avance de tecnologías como BERT y GPT, los chatbots se han vuelto más sofisticados, capaces de comprender contextos complejos y generar respuestas humanizadas.

"Los chatbots modernos, impulsados por modelos de lenguaje avanzados, están transformando la forma en que las empresas interactúan con sus clientes" (Radziwill & Benton, 2017).

Visión por Computador

Procesamiento de Imágenes

La visión por computadora es un campo de la inteligencia artificial que se enfoca en permitir que las máquinas interpreten y comprendan el mundo visual.

Utilizando algoritmos avanzados, las máquinas están entrenadas para procesar y analizar imágenes y vídeos de forma similar al ojo humano, con aplicaciones que van desde el reconocimiento facial hasta la conducción autónoma.

La visión por computadora implica varios pasos, que incluyen la adquisición de imágenes, el preprocesamiento, la segmentación, la extracción de características y el reconocimiento de patrones.

Según Szeliski, "la visión por computadora tiene como objetivo desarrollar métodos que ayuden a las computadoras a comprender e interpretar el contenido visual de imágenes y videos" (Szeliski, 2010).

El procesamiento de imágenes es una subárea crucial de la visión por computadora que se ocupa de la transformación y análisis de imágenes digitales para mejorar su calidad o extraer información útil.

Se puede dividir en varios pasos. El primer paso en el procesamiento de imágenes es la adquisición, donde las imágenes se capturan utilizando dispositivos como cámaras digitales, escáneres o sensores.

El preprocesamiento implica la aplicación de técnicas para mejorar la calidad de la imagen y preparar los datos para su posterior análisis. Esto puede incluir operaciones como eliminación de ruido, ajuste de contraste, ecualización de histograma y suavizado.

González y Woods afirman que "el preprocesamiento es esencial para corregir y mejorar la imagen antes de realizar cualquier análisis detallado" (González y Woods, 2002).

La segmentación es el proceso de dividir una imagen en distintas partes u objetos, facilitando el análisis de componentes específicos. Las técnicas de segmentación más comunes incluyen umbralización, detección de bordes y agrupación. Es fundamental para la identificación y reconocimiento de objetos dentro de una imagen.

Después de la segmentación, se realiza la extracción de características para identificar y aislar las partes más relevantes de una imagen. Las formas, texturas, colores y patrones son útiles para reconocer objetos.

Haralick et al. describen que "la extracción de características implica transformar la imagen segmentada en una forma que sea más fácil de analizar y clasificar" (Haralick et al., 1973).

En la etapa de reconocimiento de patrones, las características extraídas se clasifican e interpretan para identificar objetos o patrones en la imagen.

Las técnicas de aprendizaje automático, como las redes neuronales convolucionales (CNN), se utilizan a menudo para entrenar modelos que pueden reconocer y clasificar patrones visuales con alta precisión.

Según LeCun, Bengio y Hinton, "las CNN han revolucionado el reconocimiento de patrones, permitiendo avances significativos en la precisión del reconocimiento de objetos" (LeCun et al., 2015).

Detección y Reconocimiento de Objetos

La detección y el reconocimiento de objetos son subáreas fundamentales de la visión por computadora que se centran en localizar e identificar objetos específicos dentro de imágenes o videos.

Son esenciales para una amplia gama de aplicaciones, desde seguridad y vigilancia hasta sistemas de asistencia al conductor e interfaces hombre-máquina.

Implica identificar la presencia de uno o más objetos en una imagen y determinar sus posiciones mediante cuadros delimitadores.

Es una tarea desafiante debido a la variabilidad de escalas, posiciones, oclusiones y condiciones de iluminación. Los métodos clásicos incluyen técnicas basadas en ventanas deslizantes y descriptores de características como el histograma de gradientes orientados (HOG) y SIFT.

Sin embargo, con el avance de las redes neuronales profundas se han desarrollado métodos más precisos y eficientes, como por ejemplo:

Introducido por Girshick et al., R-CNN (redes neuronales convolucionales basadas en regiones) combina la generación de propuestas de regiones con redes neuronales convolucionales para clasificar cada región propuesta.

En cuanto al método de detección de objetos en tiempo real, YOLO (Solo miras una vez) procesa la imagen completa a la vez, dividiéndola en una cuadrícula y prediciendo cuadros delimitadores y probabilidades de clase para cada celda de la cuadrícula.

Redmon et al. afirman que "YOLO es extremadamente rápido y se puede utilizar en aplicaciones en tiempo real" (Redmon et al., 2016).

El método **SSD (Single Shot MultiBox Detector)** utiliza una única red neuronal para predecir cuadros delimitadores y puntuaciones de clase para múltiples objetos de diferentes tamaños.

Esto equilibra precisión y velocidad, lo que lo hace adecuado para aplicaciones móviles y en tiempo real. "SSD logra una buena precisión y es más eficiente en comparación con los métodos basados en propuestas regionales" (Liu et al., 2016).

El reconocimiento de objetos va más allá de la detección e implica la identificación y clasificación de los objetos detectados en categorías específicas.

Las redes neuronales profundas, especialmente las CNN, han resultado muy eficaces en esta tarea, permitiendo el desarrollo de modelos de clasificación robustos que pueden reconocer miles de clases de objetos.

AlexNet, una de las primeras redes neuronales profundas en lograr resultados notables en el ImageNet Large Scale Visual Recognition Challenge (ILSVRC), fue desarrollada por Krizhevsky et al., "demostró el poder de las redes profundas y el uso de GPU para entrenamiento a gran escala". " (Krizhevsky et al., 2012).

ResNet (Redes Residuales) introdujo la idea de conexiones residuales para entrenar redes muy profundas, abordando problemas de degradación de gradiente.

Él y otros. afirman que "ResNet permitió el entrenamiento de redes extremadamente profundas con cientos de capas, mejorando significativamente la precisión del reconocimiento de objetos" (He et al., 2016).

Aplicaciones de Visión por Computadora

Las técnicas de detección de objetos permiten la identificación de actividades sospechosas, el reconocimiento facial y el seguimiento de personas. Estos sistemas pueden enviar alertas en tiempo real, aumentando la eficiencia y eficacia de la seguridad.

Los sistemas avanzados de asistencia al conductor (ADAS) y los vehículos autónomos dependen en gran medida de la visión por computadora para tareas como la detección de peatones, el reconocimiento de señales de tráfico, la detección de carriles y la prevención de colisiones.

Estas tecnologías mejoran la seguridad vial y son fundamentales para el desarrollo de los coches autónomos.

En el sector sanitario, la visión por computadora se utiliza para analizar imágenes médicas, como radiografías, resonancias magnéticas y tomografías computarizadas. Se aplican para detectar anomalías, como tumores y enfermedades, ayudando a los médicos a realizar un diagnóstico preciso y temprano.

En la industria y el comercio, la visión por computadora se aplica en sistemas de control de calidad, inspección automatizada y gestión de inventario. Por ejemplo, los sistemas de visión pueden detectar defectos en productos, monitorear líneas de producción y automatizar el recuento y seguimiento de artículos en los almacenes.

III. INTEGRACIÓN DE MINERÍA DE DATOS E IA

Minería de datos + IA

La integración de técnicas de minería de datos e inteligencia artificial (IA) proporciona un entorno poderoso para la extracción de conocimientos y la toma de decisiones.

La minería de datos es el proceso de descubrir patrones ocultos e información valiosa a partir de grandes conjuntos de datos utilizando métodos estadísticos y algoritmos de aprendizaje automático.

La IA, por otro lado, implica la creación de sistemas inteligentes capaces de realizar tareas que normalmente requieren inteligencia humana, como la percepción, el razonamiento y el aprendizaje.

La complementariedad entre estas técnicas radica en la capacidad de la minería de datos para proporcionar conocimientos detallados y estructurados, mientras que la IA puede interpretar, generalizar y utilizar estos conocimientos para realizar predicciones y decisiones autónomas.

Por ejemplo, los algoritmos de minería de datos pueden identificar patrones en datos históricos que pueden usarse para entrenar modelos de IA, permitiendo que esos modelos hagan predicciones precisas sobre datos nuevos e invisibles.

Según Han, Kamber y Pei, "la extracción de datos puede verse como un paso preliminar para alimentar los modelos de IA con datos procesados y significativos" (Han et al., 2011).

Complementariedad de Técnicas

En el aprendizaje supervisado, se utiliza un conjunto de datos etiquetados para entrenar modelos de IA. Se pueden emplear técnicas de minería de datos para preparar estos datos, realizando tareas como limpieza de datos, selección de funciones y transformación de datos.

Aplicada, por ejemplo, para predecir la pérdida de clientes, la minería de datos puede identificar características significativas que influyen en la pérdida de clientes, y estos datos luego se utilizan para entrenar un modelo de clasificación, como una red neuronal o una máquina de soporte vectorial (SVM).

El análisis predictivo implica el uso de técnicas de minería de datos para identificar patrones y tendencias que pueden usarse para predecir resultados futuros.

Luego, estos patrones se incorporan a modelos de IA que pueden realizar predicciones continuas.

Un ejemplo clásico es el pronóstico de la demanda en las cadenas de suministro, donde las técnicas de minería de datos analizan datos históricos de ventas para identificar patrones estacionales y de tendencias, y los modelos de inteligencia artificial utilizan estos patrones para predecir demandas futuras de productos.

Ejemplos de Integración y Casos de Uso Reales

Cuando se combina con técnicas de PNL, esta integración permite un análisis de texto profundo para tareas como análisis de sentimientos, clasificación de temas y extracción de entidades.

En los sistemas de análisis de sentimientos, la minería de texto puede identificar palabras y frases significativas que utilizan modelos de inteligencia artificial como BERT o GPT para evaluar el sentimiento expresado en reseñas de productos o publicaciones en redes sociales.

En el sector sanitario, la integración de la minería de datos y la IA está revolucionando la medicina personalizada. Las técnicas de minería de datos se utilizan para analizar grandes volúmenes de datos de pacientes, identificando patrones que correlacionan características genéticas y de comportamiento con respuestas a los tratamientos.

Luego, los modelos de IA utilizan estos conocimientos para predecir la eficacia de tratamientos específicos para nuevos pacientes, lo que permite enfoques más personalizados y eficaces.

Obermeyer y Emanuel destacan que "combinar big data clínicos con algoritmos de IA puede mejorar significativamente la precisión de los diagnósticos y la personalización de los tratamientos" (Obermeyer & Emanuel, 2016).

En el sector financiero, la detección de fraudes es un desafío crítico donde la integración de la minería de datos y la IA ha demostrado ser muy efectiva.

Se utilizan técnicas para identificar patrones sospechosos en transacciones financieras históricas, mientras que los modelos de IA se entrenan para reconocer y predecir comportamientos fraudulentos en tiempo real. Este proceso permite a las instituciones financieras detectar y responder rápidamente a actividades sospechosas, minimizando las pérdidas.

Según Ngai et al., "la aplicación combinada de minería de datos y algoritmos de IA puede detectar patrones de fraude complejos que serían difíciles de identificar manualmente" (Ngai et al., 2011).

En marketing, el análisis del comportamiento del consumidor se beneficia enormemente de la integración de la minería de datos y la inteligencia artificial. Los datos de transacciones analizados, las interacciones en las redes sociales y el historial de navegación le permiten segmentar a los consumidores en diferentes grupos según sus comportamientos y preferencias.

Luego, los modelos de IA se utilizan para personalizar las campañas de marketing, recomendando productos y ofertas que probablemente interesen a cada segmento de consumidores.

"La personalización en marketing mejora significativamente cuando el análisis de datos se combina con modelos predictivos de IA", dice Kumar (Kumar, 2013).

Big Data e IA

Concepto

Big Data se refiere a conjuntos de datos extremadamente grandes y complejos que son difíciles de procesar y analizar utilizando herramientas tradicionales de gestión de datos.

Estos datos se pueden generar a partir de una variedad de fuentes, incluidas redes sociales, sensores, transacciones comerciales, registros de servidores y más. La principal característica del Big Data viene definida por las "5 Vs": Volumen, Variedad, Velocidad, Veracidad y Valor.

El volumen es la enorme cantidad de datos que se generan cada segundo, mientras que la variedad indica los diferentes tipos de datos, incluidos los estructurados, semiestructurados y no estructurados.

La velocidad se refiere a la velocidad a la que se generan y procesan nuevos datos. La veracidad implica la exactitud y confiabilidad de los datos. Finalmente, el valor destaca por la importancia de extraer insights valiosos de los datos.

Big Data ha revolucionado varias industrias al permitir análisis más detallados, predicciones más precisas y una mejor toma de decisiones basada en datos.

Según Marr, "Big Data no se trata solo del volumen de datos, sino de la capacidad de utilizar esos datos para transformar negocios y procesos" (Marr, 2015).

Tecnologías de Grandes Datos

Apache Hadoop es un marco de código abierto que permite el procesamiento distribuido de grandes conjuntos de datos en grupos de computadoras utilizando un modelo de programación simple. Consta de dos componentes principales.

HDFS **(Hadoop Distributed File System)**, un sistema de archivos distribuido que permite el almacenamiento de grandes volúmenes de datos en múltiples nodos.

El otro componente es **MapReduce,** un modelo de programación que permite ejecutar tareas de procesamiento de datos en paralelo en un clúster.

Divide una tarea en subtareas más pequeñas (mapa) que se procesan simultáneamente y luego combina los resultados (reducir).

Hadoop se utiliza ampliamente por sus capacidades de escalabilidad y tolerancia a fallas, lo que permite el procesamiento eficiente de grandes volúmenes de datos.

"Hadoop se ha convertido en la columna vertebral de la mayoría de las arquitecturas de Big Data debido a su capacidad para procesar grandes cantidades de datos de forma distribuida" (White, 2012).

Apache Spark es un marco de procesamiento de datos en tiempo real que mejora el modelo MapReduce de Hadoop. Es conocido por su velocidad y facilidad de uso, ya que proporciona API de alto nivel en Java, Scala, Python y R, además de admitir operaciones complejas de procesamiento de datos.

El **conjunto de datos distribuido resiliente (RDD)** es la estructura de datos fundamental de Spark, que permite operaciones de procesamiento de datos distribuidos y tolerantes a fallas. Spark SQL permite consultas estructuradas en grandes conjuntos de datos utilizando SQL, mientras que Spark Streaming permite el procesamiento de datos en tiempo real.

La biblioteca de aprendizaje automático MLlib facilita la creación de algoritmos de aprendizaje automático escalables. GraphX es una API para procesamiento de gráficos y computación paralela.

Spark es altamente eficiente en memoria, lo que le permite procesar datos a velocidades significativamente más rápidas en comparación con Hadoop. Zaharia et al. destacan que "Spark puede ser hasta 100 veces más rápido que Hadoop para ciertas aplicaciones en memoria" (Zaharia et al., 2016).

Desafíos y Soluciones para Big Data en IA

Procesar y almacenar grandes volúmenes de datos requiere una infraestructura sólida y eficiente. Integrar y analizar diferentes tipos de datos (estructurados, semiestructurados y no estructurados) puede resultar complicado.

La necesidad de procesar datos en tiempo real requiere soluciones que puedan manejar altas velocidades de entrada de datos. Además, garantizar la calidad y confiabilidad (veracidad) de los datos es crucial para un análisis preciso.

El uso de marcos como Hadoop y Spark para procesar datos de manera distribuida permite la escalabilidad horizontal.

En la integración de datos, una forma es adoptar plataformas que puedan manejar diferentes formatos de datos, como Apache NiFi.

Soluciones como Apache Spark Streaming y Apache Flink para el procesamiento de datos en tiempo real y Apache Atlas para la gobernanza de datos contribuyen a garantizar la calidad e integridad de los datos (Apache Atlas).

Aplicaciones Avanzadas

Minería de Datos en Redes Sociales

La minería de datos de redes sociales implica analizar grandes volúmenes de datos generados por los usuarios en plataformas como Facebook, Twitter, Instagram y LinkedIn.

Estos datos incluyen publicaciones, me gusta, acciones, comentarios y conexiones entre usuarios, lo que ofrece una rica fuente de información para comprender comportamientos, tendencias e interacciones sociales.

La aplicación del análisis de sentimientos del procesamiento del lenguaje natural (PLN) facilita la determinación de las opiniones y emociones expresadas por los usuarios en sus publicaciones.

Podemos mencionar la aplicabilidad de identificar grupos de usuarios que interactúan frecuentemente entre sí, utilizando algoritmos de gráficos como el algoritmo de Louvain. Además, analiza la influencia de qué usuarios tienen mayor impacto en sus redes, utilizando métricas como centralidad de grado, centralidad de intermediación y centralidad de proximidad.

Los fabricantes y las marcas se benefician del análisis de sentimientos para comprender la percepción pública de sus productos y ajustar sus estrategias de marketing en tiempo real.

Los algoritmos de minería de datos también se pueden utilizar para detectar *noticias falsas,* combatiendo la difusión de información falsa.

Sistemas de Recomendación

Los sistemas de recomendación son algoritmos que sugieren elementos a los usuarios en función de sus preferencias y comportamiento pasado. Se utilizan ampliamente en plataformas de comercio electrónico, transmisión de medios, redes sociales y muchos otros servicios en línea.

El filtrado colaborativo se basa en las preferencias y comportamientos de usuarios similares para recomendar elementos.

Hay dos enfoques principales, **basado en el usuario,** en el que se recomiendan elementos que gustaron a usuarios similares; y el que indica artículos similares a los que ya le han gustado al usuario (**Basado en Artículos**).

El filtrado basado en contenido sugiere artículos similares a los que el usuario ya ha consumido, analizando las características de los mismos.

Los modelos híbridos combinan técnicas de filtrado colaborativas y basadas en contenido para mejorar la precisión de las recomendaciones.

En la vida cotidiana, Netflix aplica sistemas de recomendación para sugerir películas y series en función del historial de visualización de los usuarios.

Amazon suele recomendar productos a los clientes basándose en sus compras anteriores y en el comportamiento de otros usuarios similares. En música, Spotify crea listas de reproducción personalizadas para los usuarios en función de sus preferencias musicales.

Análisis predictivo

El análisis predictivo utiliza técnicas de minería de datos, estadísticas y aprendizaje automático para predecir resultados futuros basándose en datos históricos. Es una herramienta poderosa en diversas industrias para tomar decisiones informadas y proactivas.

Los modelos que relacionan variables independientes con una variable dependiente para predecir resultados continuos o categóricos pueden predecir el riesgo crediticio y la detección de fraude financiero.

Al dividir los datos en segmentos según las características predictivas, es posible predecir fallas en los equipos para el mantenimiento predictivo.

Otra aplicabilidad es la predicción de brotes de enfermedades y la personalización de tratamientos médicos mediante el análisis de relaciones complejas entre variables para hacer predicciones precisas.

Minería de datos e IA: conceptos, fundamentos y aplicaciones

Automatización y Robótica

La automatización y la robótica implican el uso de máquinas y algoritmos para realizar tareas con poca o ninguna intervención humana. La integración de la IA y el Big Data ha revolucionado este campo, permitiendo la creación de sistemas autónomos altamente eficientes.

El aprendizaje por refuerzo es una técnica que entrena a agentes robóticos para que tomen decisiones a través de interacciones con el entorno para maximizar una recompensa.

A través de la Visión por Computador, los robots son capaces de "ver" e interpretar el mundo que los rodea utilizando cámaras y algoritmos de procesamiento de imágenes. Con algoritmos de aprendizaje automático, los parámetros de control de un robot se pueden ajustar dinámicamente en tiempo real.

Así, serán cada vez más habituales los vehículos autónomos guiados por algoritmos de IA para navegar y tomar decisiones en tiempo real, robots que gestionen el inventario y realicen tareas de recogida y embalaje de forma eficiente o que realicen cirugías de precisión o ayuden en terapias de rehabilitación.

IV: ESTUDIOS DE CASOS Y PROYECTOS PRÁCTICOS

Estudio de caso 1: Minería de Datos Sanitarios

La minería de datos en la atención sanitaria es un campo en rápido crecimiento, impulsado por el aumento exponencial de los datos de salud digitales.

Los datos de registros médicos electrónicos (EHR), dispositivos médicos, pruebas de laboratorio, imágenes médicas e incluso dispositivos portátiles tienen el potencial de transformar la práctica médica al proporcionar conocimientos más profundos sobre la salud de los pacientes y la efectividad de los tratamientos.

Han, Kamber y Pei destacan que "la minería de datos puede descubrir patrones significativos en grandes volúmenes de datos médicos, lo que puede mejorar la atención al paciente y la investigación médica" (Han et al., 2011).

Uno de los principales beneficios de la minería de datos en la atención sanitaria es la capacidad de predecir y detectar enfermedades de forma temprana. Por ejemplo, los algoritmos de aprendizaje automático pueden analizar datos de EHR para identificar patrones que preceden al desarrollo de enfermedades crónicas como la diabetes y las enfermedades cardíacas.

Según Obermeyer y Emanuel, "la predicción de enfermedades basada en grandes volúmenes de datos clínicos puede conducir a intervenciones tempranas y mejorar los resultados de los pacientes" (Obermeyer y Emanuel, 2016).

La personalización de los tratamientos, también conocida como medicina de precisión, es otro beneficio importante. Al analizar datos genómicos junto con historiales médicos, es posible determinar qué tratamientos serán más efectivos para individuos específicos.

Se pueden desarrollar tratamientos personalizados para el cáncer comprendiendo las mutaciones genéticas específicas de un tumor. Collins y Varmus sostienen que "la medicina de precisión tiene el potencial de cambiar drásticamente la forma en que se tratan las enfermedades, haciendo que los tratamientos sean más efectivos y menos tóxicos" (Collins y Varmus, 2015).

La minería de datos también puede optimizar la gestión de recursos hospitalarios. Al analizar los datos de admisión, alta y ocupación de camas, los hospitales pueden predecir picos de demanda y asignar recursos de manera más eficiente.

La investigación de W. Sun y sus colegas revelaron que "los modelos predictivos pueden ayudar a los hospitales a gestionar mejor sus recursos, reduciendo los tiempos de espera y mejorando la calidad de la atención" (Sun et al., 2012).

La reducción de los reingresos es un área crítica donde la extracción de datos ha demostrado eficacia. Al identificar los factores de riesgo de reingreso hospitalario, como las comorbilidades y el historial de tratamiento, es posible desarrollar intervenciones preventivas.

Según Van Walraven et al., "el uso de datos para predecir y prevenir hospitalizaciones puede mejorar significativamente la calidad de la atención y reducir los costos de atención médica" (Van Walraven et al., 2011).

El análisis de la eficacia del tratamiento también se beneficia de la extracción de datos. Los estudios observacionales que utilizan grandes conjuntos de datos pueden complementar los ensayos clínicos controlados y proporcionar evidencia sobre la efectividad de los tratamientos en poblaciones diversas.

Concato, Shah y Horwitz señalan que "los estudios basados en datos observacionales pueden proporcionar información valiosa sobre la efectividad de los tratamientos en el mundo real, más allá de los entornos controlados de los ensayos clínicos" (Concato et al., 2000).

El descubrimiento de nuevos medicamentos puede acelerarse mediante la minería de datos. Las técnicas para analizar grandes volúmenes de datos biológicos y químicos permiten la identificación de nuevas dianas terapéuticas y compuestos potenciales.

Li y col. sugieren que "la minería de datos puede reducir significativamente el tiempo y los costos asociados con el descubrimiento de nuevos medicamentos" (Li et al., 2011).

La mejora continua de la calidad de la atención es otro beneficio de la minería de datos. Al analizar los datos de desempeño y los resultados clínicos, los hospitales pueden identificar áreas de mejora e implementar prácticas basadas en evidencia. Según Bates et al., "el análisis de datos clínicos puede informar políticas y prácticas que mejoren la seguridad del paciente y la calidad de la atención" (Bates et al., 2003).

La gestión de enfermedades crónicas se puede mejorar significativamente mediante la extracción de datos. Al monitorear continuamente los datos de los pacientes, como las mediciones de glucosa o presión arterial, los proveedores de atención médica pueden ajustar los tratamientos en tiempo real para evitar complicaciones.

Tang y cols. afirman que "la integración de datos de salud continuos con intervenciones personalizadas puede mejorar el control de las enfermedades crónicas y reducir las hospitalizaciones" (Tang et al., 2015).

La prevención de errores médicos es un área crítica donde la minería de datos puede marcar una diferencia significativa. Al analizar patrones de errores anteriores, es posible desarrollar sistemas de alerta temprana que eviten la repetición de estos errores.

Kohn, Corrigan y Donaldson destacan que "el uso de datos para identificar y prevenir errores médicos puede salvar vidas y mejorar significativamente la seguridad del paciente" (Kohn et al., 2000).

El seguimiento de la salud pública se puede mejorar mediante la extracción de datos en tiempo real. Al analizar datos de múltiples fuentes, incluidas las redes sociales, registros hospitalarios y datos de sensores, es posible detectar brotes de enfermedades y responder rápidamente.

Brownstein et al. afirman que "la integración de datos en tiempo real puede permitir respuestas más rápidas y efectivas a las amenazas a la salud pública" (Brownstein et al., 2008).

La investigación epidemiológica se beneficia enormemente de la minería de datos. Grandes conjuntos de datos permiten estudios de cohortes y análisis longitudinales que identifican factores de riesgo de diversas enfermedades.

El análisis de datos epidemiológicos puede informar las políticas de salud pública y las estrategias de prevención. Porta et al. Tenga en cuenta que "la extracción de grandes conjuntos de datos epidemiológicos puede revelar asociaciones importantes que no serían detectables en estudios más pequeños" (Porta et al., 2014).

Por último, integrar datos de múltiples fuentes es esencial para tener una visión holística de la salud de los pacientes. Combinando datos clínicos, genéticos, conductuales y ambientales, es posible obtener una comprensión más completa de los determinantes de la salud.

Raghupathi y Raghupathi destacan que "la integración de datos de múltiples fuentes puede proporcionar conocimientos poderosos que mejoran la prevención, el diagnóstico y el tratamiento de enfermedades" (Raghupathi y Raghupathi, 2014).

Estudio de caso 2: Aplicación de la IA en las Finanzas

La aplicación de la Inteligencia Artificial (IA) en el sector financiero ha transformado radicalmente la forma en que las instituciones operan, gestionan riesgos e interactúan con los clientes.

Utilizando técnicas avanzadas de inteligencia artificial, como el aprendizaje automático, el procesamiento del lenguaje natural (PNL) y las redes neuronales, las empresas financieras están mejorando sus capacidades de previsión, automatización y personalización de servicios.

Una de las aplicaciones más notables de la IA en las finanzas es la previsión de mercados y el análisis de inversiones. Al analizar grandes volúmenes de datos históricos, identifica patrones que los humanos fácilmente podrían pasar por alto, mejorando constantemente sus predicciones.

Según Gu, Kelly y Xiu, "los métodos de aprendizaje automático ofrecen un enfoque poderoso para predecir los rendimientos financieros y gestionar carteras, superando a menudo a los modelos tradicionales" (Gu et al., 2020).

La detección de fraudes es un área crítica en la que la IA ha demostrado una gran eficacia. Los algoritmos de aprendizaje automático pueden analizar transacciones en tiempo real, identificando patrones anómalos que indican un posible fraude.

Estos sistemas pueden aprender de cada incidente de fraude detectado, mejorando continuamente su precisión. Bhattacharya et al. afirman que "el uso de técnicas de aprendizaje automático en la detección de fraudes ha dado como resultado tasas de detección significativamente más altas y menos falsos positivos en comparación con los métodos tradicionales" (Bhattacharyya et al., 2011).

Tradicionalmente, la concesión de crédito se basaba en modelos estáticos que consideraban sólo un número limitado de factores.

Con la IA, puede analizar una amplia gama de datos, incluidos comportamientos de pago, datos de redes sociales e historial de transacciones, para evaluar mejor el riesgo crediticio.

Khandani, Kim y Lo destacan que "los modelos de aprendizaje automático pueden proporcionar evaluaciones crediticias más precisas y justas, reduciendo el riesgo para los prestamistas y aumentando el acceso al crédito para los consumidores" (Khandani et al., 2010).

De hecho, los robo-advisors son plataformas automatizadas de asesoramiento financiero que utilizan inteligencia artificial para brindar recomendaciones de inversión personalizadas.

Analizan los objetivos financieros, el perfil de riesgo y la situación financiera del cliente para crear estrategias de inversión personalizadas. Los robo-advisors han democratizado el acceso a los servicios de asesoramiento financiero, ofreciendo soluciones de inversión accesibles y de bajo costo a un público más amplio.

Las herramientas de automatización robótica de procesos (RPA) combinadas con IA pueden realizar tareas repetitivas con alta precisión, liberando recursos humanos para actividades más estratégicas.

Vasarhelyi y Alles sostienen que "la automatización inteligente está transformando la contabilidad y la auditoría, mejorando la eficiencia y reduciendo los errores" (Vasarhelyi y Alles, 2010).

Los chatbots y los asistentes virtuales utilizan la PNL para interactuar con los clientes, respondiendo preguntas comunes y resolviendo problemas de forma rápida y eficiente.

McLean y Osei-Frimpong afirman que "los asistentes virtuales impulsados por IA están redefiniendo la experiencia del cliente al ofrecer soporte continuo y personalizado" (McLean y Osei-Frimpong, 2017).

Los modelos predictivos de IA pueden evaluar el riesgo de mercado, el riesgo crediticio y el riesgo operativo con mayor precisión, lo que permite a las instituciones tomar decisiones más informadas.

Selon y Perignon enfatizan que "el uso de la IA en la gestión de riesgos permite un análisis más detallado y en tiempo real, mejorando la capacidad de las instituciones para responder a los cambios en el mercado" (Selon & Perignon, 2018).

Al analizar los datos de los clientes, las instituciones financieras pueden ofrecer productos personalizados que satisfagan las necesidades específicas de cada cliente.

Según Duarte y Xu, "la personalización impulsada por la IA puede aumentar significativamente la satisfacción y la lealtad del cliente al tiempo que mejora la eficiencia operativa" (Duarte y Xu, 2018).

El análisis del sentimiento del mercado implica evaluar las emociones y opiniones expresadas en textos, como noticias financieras y redes sociales, para predecir los movimientos del mercado. Las herramientas de PNL se utilizan para analizar grandes volúmenes de texto, identificando tendencias que pueden influir en los precios de los activos.

Bollen, Mao y Zeng destacan que "el análisis de sentimiento basado en IA puede proporcionar información valiosa sobre las expectativas del mercado y ayudar a los inversores a tomar decisiones informadas" (Bollen et al., 2011).

El cumplimiento normativo es un área desafiante para las instituciones financieras, dada la complejidad y el volumen de las regulaciones.

La IA puede ayudar a monitorear las transacciones y actividades financieras, garantizando que cumplan con los estándares regulatorios.

Shroff señala que "la tecnología de inteligencia artificial se utiliza cada vez más para automatizar y mejorar los procesos de cumplimiento, reduciendo el riesgo de incumplimiento y las sanciones asociadas" (Shroff, 2018).

La gestión de carteras mediante IA implica la aplicación de algoritmos avanzados para optimizar la composición de los activos, equilibrando el riesgo y el rendimiento. Estos algoritmos pueden adaptarse rápidamente a las condiciones cambiantes del mercado, equilibrando las carteras de manera eficiente.

Jegadeesh y Titman afirman que "la IA en la gestión de carteras puede mejorar el rendimiento explotando datos y patrones complejos que no son fácilmente discernibles con los métodos tradicionales" (Jegadeesh y Titman, 1993).

La lucha contra el blanqueo de dinero (AML) es un área crucial en la que la IA ha demostrado un gran potencial. Los algoritmos de aprendizaje automático pueden identificar transacciones sospechosas, ayudando a las instituciones financieras a cumplir con las regulaciones y prevenir actividades ilícitas.

Chen y Liu sugieren que "la aplicación de la IA en la lucha contra el lavado de dinero permite una detección más precisa y rápida de actividades sospechosas, mejorando la eficacia de los programas de cumplimiento" (Chen y Liu, 2019).

Estudio de caso 3: Análisis de Sentimiento en las Redes Sociales

El análisis de sentimientos en las redes sociales es un área emergente dentro de la minería de datos que ha atraído un creciente interés académico e industrial.

Esta técnica implica el uso de métodos computacionales para identificar y extraer información subjetiva de los textos, como opiniones, sentimientos y emociones expresadas por los usuarios.

Según Pang y Lee (2008), el análisis de sentimientos, también conocido como minería de opiniones, es esencial para comprender las percepciones del público sobre productos, servicios y eventos, contribuyendo a la toma de decisiones estratégicas de las empresas.

En el contexto de las redes sociales, el análisis de sentimientos se beneficia de la gran cantidad de datos generados diariamente por los usuarios.

Las redes sociales como Twitter, Facebook e Instagram ofrecen una rica fuente de información en tiempo real, lo que permite a las empresas monitorear la reputación de su marca y responder rápidamente a las crisis (Liu, 2012).

Además, el análisis de sentimientos se puede aplicar a las campañas de marketing digital, lo que permite una segmentación más precisa del público objetivo y una personalización de los mensajes (He, Zha y Li, 2013).

Uno de los principales enfoques en el análisis de sentimientos es el uso de técnicas de aprendizaje automático para clasificar textos en categorías como positivo, negativo o neutral.

Algoritmos como Support Vector Machines (SVM), Naive Bayes y redes neuronales han sido ampliamente utilizados en este contexto (Sebastiani, 2002). La precisión de estas técnicas depende de la calidad de los datos de entrenamiento y de las características extraídas de los textos, como la presencia de palabras clave, emociones y expresiones idiomáticas.

Recientemente, los modelos basados en el aprendizaje profundo, como las redes neuronales convolucionales (CNN) y las redes neuronales recurrentes (RNN), han demostrado resultados prometedores en el análisis de sentimientos en las redes sociales.

Estos modelos son capaces de capturar relaciones más complejas y contextuales entre palabras, mejorando la precisión de las predicciones (Socher et al., 2013).

Por ejemplo, el modelo BERT (Bi Direction Encoder Representations from Transformers) ha destacado por su capacidad para comprender el contexto bidireccional de las frases, ofreciendo un análisis más preciso de los sentimientos (Devlin et al., 2019).

Otro aspecto crucial del análisis de sentimientos es el procesamiento del lenguaje natural (PLN). Procesar textos escritos en lenguaje natural implica desafíos como la ambigüedad semántica, la ironía y el sarcasmo, que pueden distorsionar la interpretación de los sentimientos expresados (Cambria et al., 2017).

Las herramientas avanzadas de PNL, como la tokenización, la lematización y el análisis de sintaxis, son esenciales para preparar datos de texto para el análisis de sentimientos.

La aplicación del análisis de sentimiento va más allá del marketing y la gestión de la reputación. También se ha utilizado en áreas como la política y la salud pública.

En política, por ejemplo, el análisis de sentimientos puede ayudar a medir la opinión pública sobre los candidatos y las políticas, informando campañas y estrategias electorales (Tumasjan et al., 2010).

En salud pública, el análisis de datos de las redes sociales puede identificar preocupaciones y tendencias emergentes relacionadas con enfermedades, ayudando en la respuesta a brotes y la comunicación de riesgos (Paul & Dredze, 2011).

A pesar de las ventajas, el análisis de sentimientos en las redes sociales enfrenta desafíos importantes, como la necesidad de manejar grandes volúmenes de datos y variaciones lingüísticas entre diferentes usuarios y plataformas.

La evolución continua del aprendizaje automático y las técnicas de PNL es esencial para superar estos desafíos y mejorar la precisión y eficiencia de los análisis (Zhang, Wang y Liu, 2018).

En conclusión, el análisis del sentimiento de las redes sociales es una poderosa herramienta para la extracción de datos, que proporciona información valiosa sobre las percepciones de la audiencia.

A medida que avanzan las tecnologías de aprendizaje automático y PNL, se espera que esta área continúe evolucionando, ofreciendo nuevas oportunidades para que las empresas y los investigadores exploren los sentimientos y opiniones expresados en las redes sociales de maneras cada vez más sofisticadas y precisas.

CONSIDERACIONES FINALES

Tendencias Futuras en Minería de Datos e IA

Las tendencias futuras en esta área prometen transformar significativamente varios sectores, desde la atención médica hasta las finanzas, además de impactar la vida cotidiana de maneras que aún no se han imaginado.

Una de las principales tendencias futuras en la minería de datos es el uso cada vez mayor del aprendizaje profundo. Las redes neuronales profundas, especialmente las redes neuronales convolucionales (CNN) y las redes neuronales recurrentes (RNN), han mostrado un rendimiento impresionante en tareas como el reconocimiento de imágenes, el procesamiento del lenguaje natural y la predicción de series temporales.

Modelos como GPT-4 y BERT ya están revolucionando el análisis de texto, y las futuras innovaciones en este campo probablemente conducirán a una comprensión aún más sofisticada y precisa de datos complejos (LeCun, Bengio y Hinton, 2015).

Otra tendencia importante es la integración de la IA y la minería de datos con el Internet de las cosas (IoT). Con miles de millones de dispositivos conectados que generan un volumen masivo de datos, existe una necesidad creciente de métodos avanzados para analizar y extraer información útil de estas fuentes.

La combinación de técnicas de IoT con IA permitirá la creación de sistemas más inteligentes y autónomos, capaces de monitorear, analizar y reaccionar a los datos en tiempo real, mejorando la eficiencia operativa en diversos sectores (Gubbi et al., 2013).

La personalización también será una tendencia importante. La capacidad de analizar grandes cantidades de datos para comprender las preferencias y comportamientos individuales permitirá a las empresas ofrecer experiencias altamente personalizadas.

Esto se puede observar en las plataformas de streaming, comercio electrónico y publicidad digital, donde algoritmos de recomendación avanzados utilizan minería de datos e inteligencia artificial para entregar contenidos y productos específicos a cada usuario (Ricci, Rokach y Shapira, 2011).

Además, la minería de datos y la inteligencia artificial se aplican cada vez más en la atención sanitaria. El análisis de grandes volúmenes de datos médicos puede ayudar a la detección temprana de enfermedades, la personalización del tratamiento y la gestión de la salud pública. Los modelos predictivos y los sistemas de apoyo a las decisiones clínicas basados en IA pueden mejorar significativamente los resultados de los pacientes y la eficiencia de los sistemas sanitarios (Esteva et al., 2019).

La ética y la transparencia de la IA también son cuestiones emergentes que darán forma al futuro de la minería de datos. Ante la creciente preocupación por el sesgo algorítmico, la privacidad de los datos y el uso responsable de la IA, habrá una demanda de marcos éticos y regulatorios sólidos.

La transparencia en los modelos de IA, a través de técnicas como la explicabilidad y la auditabilidad, será crucial para garantizar la confianza y la aceptación de estas tecnologías por parte de la sociedad (Floridi et al., 2018).

La informática de punta es otra tendencia prometedora. Ante la necesidad de un procesamiento de datos más rápido y eficiente, trasladar la informática al borde de la red, más cerca de las fuentes de datos, puede reducir la latencia y el consumo de ancho de banda. Esto es especialmente relevante para aplicaciones en tiempo real, como vehículos autónomos y ciudades inteligentes, donde las decisiones rápidas son cruciales (Shi et al., 2016).

La colaboración entre la IA y los humanos, conocida como inteligencia aumentada, también está aumentando. En lugar de reemplazar a los humanos, la IA se utilizará para amplificar las capacidades humanas, proporcionando conocimientos y asistencia que mejoren la toma de decisiones y la productividad.

Las herramientas basadas en IA que ayudan a los profesionales en campos como la educación, el diseño y la ingeniería son cada vez más comunes (Davenport & Kirby, 2016).

En resumen, las tendencias futuras en minería de datos e inteligencia artificial apuntan a un mundo más conectado, eficiente y personalizado. Los avances tecnológicos seguirán derribando barreras, generando nuevas oportunidades y desafíos.

Integrar estas tecnologías en nuestra vida diaria requerirá un enfoque cuidadoso y ético para maximizar los beneficios y minimizar los riesgos.

Reflexiones

La capacidad de extraer conocimientos útiles de grandes volúmenes de datos y aplicarlos de forma inteligente está redefiniendo la forma en que operan las empresas, cómo los gobiernos gestionan las políticas públicas y cómo los individuos interactúan con la tecnología en su vida cotidiana.

Una de las principales consideraciones es el impacto económico de la IA y la minería de datos. Estas tecnologías tienen el potencial de aumentar significativamente la productividad y la eficiencia, dando lugar a innovaciones que pueden generar nuevas industrias y transformar las existentes.

La automatización de tareas repetitivas y la capacidad de tomar decisiones basadas en datos permite a las empresas centrarse en actividades más estratégicas y creativas, lo que da como resultado un crecimiento económico sostenido.

Sin embargo, la adopción generalizada de la IA y la minería de datos también genera preocupaciones sobre el futuro del trabajo. La automatización puede conducir a la sustitución de puestos de trabajo en varias áreas, especialmente en tareas rutinarias y manuales.

Esto requiere reciclar la fuerza laboral y crear nuevas oportunidades de empleo en sectores emergentes, así como implementar políticas públicas que promuevan una transición justa e inclusiva a la economía digital.

Otra consideración crítica es la ética y la responsabilidad en el uso de la IA y la minería de datos. Las cuestiones de privacidad de datos, sesgo algorítmico y transparencia son fundamentales para garantizar que estas tecnologías se utilicen de manera justa y equitativa.

Desarrollar e implementar marcos éticos sólidos es esencial para ganarse la confianza del público y maximizar los beneficios sociales de estas innovaciones.

Las empresas y los desarrolladores de IA deben comprometerse con prácticas transparentes y responsables para evitar la discriminación y garantizar la protección de los datos de los usuarios.

Más que eso, la IA y la minería de datos desempeñan un papel crucial en la solución de desafíos globales, como el cambio climático, la salud pública y la seguridad alimentaria.

La capacidad de analizar datos a gran escala puede conducir a importantes descubrimientos científicos y soluciones innovadoras a problemas complejos.

La IA se puede utilizar para modelar patrones climáticos, predecir brotes de enfermedades y optimizar la producción agrícola, contribuyendo a un mundo más sostenible y saludable.

En el campo de la salud, la integración de la IA con la minería de datos está revolucionando la medicina personalizada y la investigación biomédica. Las herramientas de inteligencia artificial pueden analizar datos genómicos y clínicos para desarrollar tratamientos adaptados a pacientes individuales, mejorar el diagnóstico temprano de enfermedades y acelerar el descubrimiento de nuevos medicamentos.

Estas innovaciones tienen el potencial de transformar la forma en que se gestiona y brinda la atención médica, brindando mejores resultados para los pacientes.

La colaboración interdisciplinaria será esencial para el avance continuo de la IA y la minería de datos. La integración de conocimientos de áreas como la informática, la estadística, la ética, las ciencias sociales y la ingeniería permitirá desarrollar soluciones más robustas y efectivas.

Fomentar alianzas entre la academia, la industria y el gobierno será crucial para enfrentar los desafíos técnicos y sociales que surgen con la adopción de estas tecnologías (Domingos, 2015).

Por lo tanto, la IA y la minería de datos resaltan tanto el enorme potencial como los importantes desafíos de estas tecnologías.

Abordar de manera proactiva las cuestiones éticas, económicas y sociales será clave para garantizar que los beneficios de la IA y la minería de datos se compartan ampliamente y que estas tecnologías contribuyan a un futuro más justo, sostenible y próspero.

Apéndices

Glosario de Términos

Base de datos

Un conjunto organizado de datos, generalmente almacenado y accedido electrónicamente desde un sistema informático. Las bases de datos están estructuradas para facilitar el almacenamiento, recuperación y manipulación de datos. Se pueden clasificar en diferentes tipos, como bases de datos relacionales, NoSQL y en la nube.

Sistema de gestión de bases de datos (DBMS)

Software que utiliza una base de datos para almacenar, recuperar y gestionar datos. Proporciona una interfaz entre los datos y los usuarios o programas de aplicación. Los ejemplos incluyen MySQL, PostgreSQL, Oracle Database y Microsoft SQL Server.

Minería de datos e IA: conceptos, fundamentos y aplicaciones

Modelo relacional

Modelo de base de datos que organiza datos en tablas (o relaciones) de filas y columnas. Cada tabla tiene una clave principal y puede relacionarse con otras tablas mediante claves externas.

Almacenamiento de datos

Proceso de recopilación, almacenamiento y gestión de datos de múltiples fuentes para respaldar las decisiones comerciales. Un almacén de datos es una base de datos centralizada que integra datos de varias fuentes heterogéneas, proporcionando un entorno de consulta y análisis eficiente.

ETL (Extraer, Transformar, Cargar)

Proceso utilizado en el almacenamiento de datos que implica extraer datos de diferentes fuentes, transformar los datos a un formato adecuado para el análisis y cargar los datos transformados en un almacén de datos.

grandes datos

Término que describe grandes volúmenes de datos, estructurados y no estructurados, que se generan a gran velocidad y requieren nuevas técnicas y herramientas para su captura, almacenamiento, procesamiento y análisis. Big Data se caracteriza por las tres V: Volumen, Velocidad y Variedad.

No SQL

Tipo de base de datos que proporciona un mecanismo para almacenar y recuperar datos modelados de manera diferente a las tablas utilizadas en las bases de datos relacionales. Los ejemplos incluyen MongoDB, Cassandra y Redis.

OLAP (Procesamiento analítico en línea)

Categoría de software que permite a los usuarios analizar información desde múltiples perspectivas. OLAP se utiliza en aplicaciones de almacenamiento de datos para realizar consultas y análisis complejos de grandes volúmenes de datos.

Clave primaria

Campo o conjunto de campos en una tabla de base de datos que identifica de forma única cada registro en esa tabla. Ningún valor en una clave principal puede ser nulo y cada valor debe ser único.

Clave externa

Campo o conjunto de campos en una tabla de base de datos que crea un vínculo entre datos en dos tablas. Una clave externa en una tabla es una referencia a la clave principal en otra tabla, estableciendo una relación entre las tablas.

Referencias Bibliográficas

Abiteboul, S., Buneman, P. y Suciu, D. (2000). *Datos en la Web: De las Relaciones a los Datos Semiestructurados y XML*. Morgan Kaufman.

Agrawal, R. y Srikant, R. (1994). Algoritmos rápidos para reglas de asociaciones mineras. *Actas de la XX Conferencia Internacional sobre Bases de Datos Muy Grandes*.

Agrawal, R., Imielinski, T. y Swami, A. (1993). Reglas de asociación minera entre conjuntos de elementos en grandes bases de datos. *Actas de la Conferencia Internacional ACM SIGMOD de 1993 sobre Gestión de Datos*.

Alpaydin, E. (2016). *Aprendizaje automático: la nueva IA*. Prensa del MIT.

Avellaneda, M. y Stoikov, S. (2008). Negociación de alta frecuencia en un libro de órdenes limitadas. *Finanzas cuantitativas*, 8(3), 217-224.

Barndorff-Nielsen, OE y Shephard, N. (2001). Modelos no gaussianos basados en Ornstein-Uhlenbeck y algunos de sus usos en economía financiera. *Revista de la Royal Statistical Society: Serie B (Metodología estadística)*, 63(2), 167-241.

Obispo, CM (2006). *Reconocimiento de patrones y aprendizaje automático*. Saltador.

Bollen, J., Mao, H. y Zeng, X. (2011). El estado de ánimo de Twitter predice el mercado de valores. *Revista de Ciencias Computacionales*, 2(1), 1-8.

Bolton, RJ y Hand, DJ (2002). Detección estadística de fraude: una revisión. *Ciencia estadística*, 235-249.

Brockett, PL y Golden, LL (2007). Minería de datos y descubrimiento de conocimiento en bases de datos para aplicaciones comerciales y financieras. *Economía Computacional*, 30(2), 107-112.

Bryson, J. J., Diamantis, M. E. y Grant, TD (2017). De, para y por el pueblo: la laguna jurídica de las personas sintéticas. *Inteligencia artificial y derecho*, 25(3), 273-291.

Buolamwini, J. y Gebru, T. (2018). Tonos de género: disparidades interseccionales de precisión en la clasificación comercial de género. *Actas de la 1ª Conferencia sobre Equidad, Responsabilidad y Transparencia*, 77-91.

Cambria, E., Schuller, B., Xia, Y. y Havasi, C. (2017). Nuevas vías en la minería de opiniones y el análisis de sentimientos. *Sistemas inteligentes IEEE*, 28(2), 15-21.

Campbell, M., Hoane, AJ Jr. y Hsu, F. (2002). Azul profundo. *Inteligencia Artificial*, 134(1-2), 57-83.

Chen, X. y Liu, L. (2019). IA en la lucha contra el blanqueo de capitales. *Revista de delitos financieros*, 26(3), 709-725.

Codd, EF (1970). Un modelo relacional de datos para grandes bancos de datos compartidos. *Comunicaciones de la ACM*.

Portada, T. y Hart, P. (1967). Clasificación del patrón de vecino más cercano. *Transacciones IEEE sobre teoría de la información*, 13(1), 21-27.

Fecha, CJ (2004). *Introducción a los sistemas de bases de datos*. Addison-Wesley.

Davenport, TH y Kirby, J. (2016). ¿Qué tan inteligentes son las máquinas inteligentes? *Revisión de la gestión de préstamos del MIT*.

Devlin, J., Chang, MW, Lee, K. y Toutanova, K. (2019). BERT: Entrenamiento previo de transformadores bidireccionales profundos para la comprensión del lenguaje. *Actas de la Conferencia de 2019 del Capítulo Norteamericano de la Asociación de Lingüística Computacional*.

Dougherty, J., Kohavi, R. y Sahami, M. (1995). Discretización supervisada y no supervisada de características continuas.

Actas de la 12ª Conferencia Internacional sobre Aprendizaje Automático.

Duarte, J. y Xu, M. (2018). Personalización impulsada por IA en servicios financieros. *Revista de marketing de servicios financieros*, 23(1), 45-59.

Elmasri, R. y Navathe, SB (2010). *Fundamentos de Sistemas de Bases de Datos*. Addison-Wesley.

Elmasri, R. y Navathe, SB (2015). *Fundamentos de Sistemas de Bases de Datos*. Pearson.

Ester, M., Kriegel, HP, Sander, J. y Xu, X. (1996). Un algoritmo basado en densidad para descubrir clústeres en grandes bases de datos espaciales con ruido. *Actas de la Segunda Conferencia Internacional sobre Descubrimiento de Conocimiento y Minería de Datos (KDD)*.

Esteva, A., et al. (2017). Clasificación a nivel dermatólogo del cáncer de piel con redes neuronales profundas. *Naturaleza*, 542, 115-118.

Esteva, A., Robicquet, A., Ramsundar, B., Kuleshov, V., DePristo, M., Chou, K., ... & Dean, J. (2019). Una guía para el aprendizaje profundo en la atención sanitaria. *Medicina de la Naturaleza*, 25(1), 24-29.

Fayyad, U. M., Piatetsky-Shapiro, G. y Smyth, P. (1996). De la minería de datos al descubrimiento de conocimiento en bases de datos. *Revista AI*, 17(3), 37-54.

Floridi, L., Cowls, J., King, T. C. y Taddeo, M. (2018). Cómo diseñar IA para el bien social: siete factores esenciales. *Ética de la ciencia y la ingeniería*, 24(5), 1537-1563.

Goodfellow, I., et al. (2014). Explicar y aprovechar ejemplos contradictorios. *preimpresión de arXiv arXiv:1412.6572*.

Goodfellow, I., Shlens, J. y Szegedy, C. (2014). Redes generativas adversarias. *Avances en Sistemas de Procesamiento de Información Neural*.

Gubbi, J., Buyya, R., Marusic, S. y Palaniswami, M. (2013). Internet de las cosas (IoT): una visión, elementos arquitectónicos y direcciones futuras. *Sistemas informáticos de la generación futura*, 29(7), 1645-1660.

Gu, S., Kelly, B. y Xiu, D. (2020). Aprendizaje automático para la gestión de activos: métodos y aplicaciones. *Revisión de Estudios Financieros*, 33(3), 2241-2275.

Han, J., Pei, J. y Kamber, M. (2011). *Minería de Datos: Conceptos y Técnicas*. Morgan Kaufman.

Han, J., Pei, J. y Yin, Y. (2000). Minería de patrones frecuentes sin generación de candidatos. *Actas de la Conferencia Internacional ACM SIGMOD 2000 sobre Gestión de Datos*.

Hastie, T., Tibshirani, R. y Friedman, J. (2009). *Los elementos del aprendizaje estadístico: minería de datos, inferencia y predicción*. Saltador.

Él, K., et al. (2016). Aprendizaje residual profundo para el reconocimiento de imágenes. *Conferencia IEEE sobre visión por computadora y reconocimiento de patrones (CVPR)*, 770-778.

Él, W., Zha, S. y Li, L. (2013). Análisis competitivo de redes sociales y minería de textos: un estudio de caso en la industria de la pizza. *Revista Internacional de Gestión de la Información*, 33(3), 464-472.

Hosmer, DW, Lemeshow, S. y Sturdivant, RX (2013). *Regresión Logística Aplicada*. Wiley.

Inmon, WH (2005). *Construcción del Data Warehouse*. John Wiley e hijos.

Jain, AK y Dubes, RC (1988). *Algoritmos para agrupar datos*. Prentice Hall.

Jain, AK, Murty, MN y Flynn, PJ (1999). Agrupación de datos: una revisión. *Encuestas de Computación ACM*, 31(3), 264-323.

Jegadeesh, N. y Titman, S. (1993). Rentabilidad de comprar ganadores y vender perdedores: implicaciones para la eficiencia del mercado de valores. *Revista de Finanzas*, 48(1), 65-91.

Kaufman, L. y Rousseeuw, PJ (1990). *Encontrar grupos en datos: una introducción al análisis de conglomerados*. Wiley.

Khandani, AE, Kim, AJ y Lo, AW (2010). Modelos de riesgo de crédito al consumo mediante algoritmos de aprendizaje automático. *Revista de Banca y Finanzas*, 34(11), 2767-2787.

Kim, KJ y Ahn, H. (2016). Un sistema de recomendación que utiliza agrupación GA K-means en un mercado de compras en línea. *Sistemas expertos con aplicaciones*, 34(2), 1200-1209.

Kimball, R. y Ross, M. (2013). *El kit de herramientas de almacenamiento de datos*. John Wiley e hijos.

LeCun, Y., Bengio, Y. y Hinton, G. (2015). Aprendizaje profundo. *Naturaleza*, 521(7553), 436-444.

Liu, B. (2012). Análisis de Sentimiento y Minería de Opinión. *Conferencias de síntesis sobre tecnologías del lenguaje humano*, 5(1), 1-167.

Little, RJA y Rubin, DB (2019). *Análisis estadístico con datos perdidos*. Wiley.

Lipton, ZC (2016). Los mitos de la interpretabilidad del modelo. *preimpresión de arXiv arXiv:1606.03490*.

MacQueen, J. (1967). Algunos métodos de clasificación y análisis de observaciones multivariadas. *Actas del Quinto Simposio de Berkeley sobre Estadística Matemática y Probabilidad*.

McCarthy, J. (2007). ¿Qué es la Inteligencia Artificial? *Universidad Stanford*.

McCarthy, J., et al. (1955). Una propuesta para el proyecto de investigación de verano de Dartmouth sobre inteligencia artificial.

Mitchell, TM (1997). *Aprendizaje automático*. McGraw-Hill.

Montgomery, DC, Peck, EA y Vining, GG (2012). *Introducción al Análisis de Regresión Lineal*. Wiley.

Ngai, EWT, Hu., Wong, YH, Chen, Y. y Sun, X. (2011). La aplicación de técnicas de minería de datos en la detección de fraude financiero: un marco de clasificación y una revisión académica de la literatura. *Sistemas de apoyo a la decisión*, 50(3), 559-569.

Nilsson, Nueva Jersey (2010). *La búsqueda de la inteligencia artificial*. Prensa de la Universidad de Cambridge.

Paul, MJ y Dredze, M. (2011). Eres lo que tuiteas: análisis de Twitter para la salud pública. *Actas de la Quinta Conferencia Internacional AAAI sobre Weblogs y Redes Sociales*.

Poole, D., Mackworth, A. y Goebel, R. (1998). *Inteligencia Computacional: Un Enfoque Lógico*. Prensa de la Universidad de Oxford.

Pang, B. y Lee, L. (2008). Minería de opiniones y análisis de sentimiento. *Fundamentos y tendencias en la recuperación de información*, 2(1-2), 1-135.

Quinlan, JR (1986). Inducción de árboles de decisión. *Aprendizaje automático*, 1(1), 81-106.

Rahm, E. y Do, HH (2000). Limpieza de datos: problemas y enfoques actuales. *Boletín de ingeniería de datos IEEE*.

Ricci, F., Rokach, L. y Shapira, B. (Eds.). (2011). Manual de introducción al sistema de recomendación. En *Manual de sistemas de recomendación* (págs. 1-35). Saltador.

Russell, S. y Norvig, P. (2020). *Inteligencia artificial: un enfoque moderno*. Pearson.

Russom, P. (2011). *Análisis de Big Data*. Informe de mejores prácticas de TDWI, cuarto trimestre.

Sebastiani, F. (2002). Aprendizaje automático en categorización de texto automatizada. *Encuestas de Computación ACM*, 34(1), 1-47.

Shi, W., Cao, J., Zhang, Q., Li, Y. y Xu, L. (2016). Edge Computing: Visión y desafíos. *IEEE Internet of Things Journal*, 3(5), 637-646.

Plata, D., et al. (2016). Dominar el juego de Go con redes neuronales profundas y búsqueda de árboles. *Naturaleza*, 529, 484-489.

Sirignano, J. y Cont, R. (2019). Características universales de la formación de precios en los mercados financieros: perspectivas desde el aprendizaje profundo. *Finanzas cuantitativas*, 19(1), 1-11.

Socher, R., Perelygin, A., Wu, J., Chuang, J., Manning, C. D., Ng, AY y Potts, C. (2013). Modelos profundos recursivos para la composicionalidad semántica sobre un banco de árboles de sentimientos. *Actas de la Conferencia de 2013 sobre métodos empíricos en el procesamiento del lenguaje natural*.

Strauch, C. (2011). *Bases de datos NoSQL*. Universidad de Medios de Stuttgart.

Tan, MX y Durlauf, SN (2017). Minería de datos financieros: métodos de aprendizaje automático para comprender los mercados financieros. *Revisión anual de economía financiera*, 9, 473-490.

Tan, P.-N., Steinbach, M. y Kumar, V. (2019). *Introducción a la Minería de Datos*. Pearson.

Turing, AM (1950). Maquinaria de Computación e Inteligencia. *Mente*, 59(236), 433-460.

Tumasjan, A., Sprenger, TO, Sandner, PG y Welpe, IM (2010). Predecir elecciones con Twitter: lo que revelan 140 caracteres sobre el sentimiento político. *Actas de la Cuarta Conferencia Internacional AAAI sobre Weblogs y Redes Sociales*.

Vapnik, VN (1995). *La naturaleza de la teoría del aprendizaje estadístico*. Saltador.

Vaswani, A., et al. (2017). Atención es todo lo que necesita. *Avances en Sistemas de Procesamiento de Información Neural*.

Witten, IH, Frank, E. y Hall, MA (2011). *Minería de datos: herramientas y técnicas prácticas de aprendizaje automático*. Morgan Kaufman.

Zarsky, TZ (2016). Incompatible: El RGPD en la era del Big Data. *Revisión de la ley de Seton Hall*, 47(4), 995-1020.

Zhang, L., Wang, S. y Liu, B. (2018). Aprendizaje profundo para el análisis de sentimientos: una encuesta. *Revisiones interdisciplinarias de Wiley: minería de datos y descubrimiento de conocimientos*, 8(4), e1253.

Minería de datos e IA: conceptos, fundamentos y aplicaciones